小学版

数学是怎样学好的

王金战 范幼新 / 著

图书在版编目（CIP）数据

数学是怎样学好的：小学版 / 王金战，范幼新著
.-- 北京：北京联合出版公司，2023.5

ISBN 978-7-5596-6819-6

Ⅰ.①数… Ⅱ.①王…②范… Ⅲ.①小学数学课—教学参考资料 Ⅳ.① G624.503

中国国家版本馆 CIP 数据核字（2023）第 060169 号

数学是怎样学好的：小学版

作　　者：王金战　范幼新
出 品 人：赵红仕
选题策划：北京时代光华图书有限公司
责任编辑：管　文
特约编辑：刘冬爽
封面设计：柏拉图

北京联合出版公司出版
（北京市西城区德外大街 83 号楼 9 层　100088）
北京时代光华图书有限公司发行
文畅阁印刷有限公司　　新华书店经销
字数 141 千字　　787 毫米 × 1092 毫米　1/16　11.75 印张
2023 年 5 月第 1 版　2023 年 5 月第 1 次印刷
ISBN 978-7-5596-6819-6
定价：49.00 元

版权所有，侵权必究
未经许可，不得以任何方式复制或抄袭本书部分或全部内容
本书若有质量问题，请与本公司图书销售中心联系调换。电话：（010）82894445

目录

总序 …………………………………………… 1
自序 …………………………………………… 3

第一篇　魅力篇

第1章　妙趣横生的数字

1.1　奇妙的数字 ………………………………… 003
1.2　数字游戏 …………………………………… 007
1.3　正负数的小秘密 …………………………… 011
1.4　轻松学小数 ………………………………… 014

第2章　探究经历数学思维

2.1　巧思妙想，培养思维的深刻性 …………… 020
2.2　一题多变，培养思维的灵活性 …………… 023
2.3　一题多解，培养思维的发散性 …………… 028
2.4　一题多问，培养思维的创造性 …………… 032

第3章　感受数学应用之美

3.1　生活中的数学 ……………………………… 035

3.2 游戏中的数学……………………………040

3.3 数学中的古代问题………………………043

3.4 数学中的工程问题………………………048

3.5 数学中的行程问题………………………050

第二篇 方法篇

第1章 我的地盘我做主

1.1 自主整理与复习…………………………057

1.2 自主编撰…………………………………060

1.3 自主检测…………………………………064

第2章 计算中的小窍门

2.1 整数中的巧算……………………………067

2.2 分数与小数中的巧算……………………072

2.3 复杂的巧算………………………………076

2.4 口算中的小技巧…………………………079

2.5 笔算中的口算……………………………082

2.6 笔算中的估算……………………………084

第3章 解决问题的方法

3.1 如何审题…………………………………087

3.2 如何解题…………………………………093

3.3 解决问题的一般策略……………………102

第三篇 实战篇

第1章 分数和小数

1.1 争吵的风波——分数与小数握手……………119
1.2 一般性分数（小数）应用题……………122
1.3 稍复杂分数（小数）应用题……………127

第2章 解决典型问题

2.1 狐狸买家电——关于购物中的问题………132
2.2 动物植树——关于百分率的问题…………134
2.3 姥姥家到底有多远——关于倍数的问题…136
2.4 谁能参加比赛——关于统计概率的问题…139
2.5 统计中的数学……………144
2.6 植树问题真简单……………148
2.7 有趣的鸡兔同笼……………153

第3章 空间与图形中的问题

3.1 有趣的拼图……………156
3.2 巧观察……………158
3.3 好玩的对称美……………162
3.4 巧算环形面积……………166
3.5 圆柱和圆锥是一家吗……………170
3.6 图形计算中的玄机……………173

总 序

工作四十多年来,我一直在教数学,教初中、教高中、教竞赛,越教越觉得数学好玩、好学,越教越觉得数学很美、很酷,以至于我常常被数学的波澜壮阔之势、高瞻远瞩之能、对称和谐之美、茅塞顿开之境陶醉。

每接一届学生,前半个月我一般不讲课本内容,而是以"大话数学"为题来挖掘数学的内涵,提炼数学的规律,揭示数学的特点,深化数学的应用,张扬数学的魅力,直把学生讲得神情激昂、美感荡漾,这样他们也就再没有对数学的为难和恐惧,有的只是学好数学的信心和激情。所以虽然我不用布置太多的作业,他们却能轻松学好数学。

反观现在的中、小学生,很多人讨厌数学到了想放弃的地步,害怕数学到了恐惧的程度,我想这绝不是数学本身的原因。《论语》上讲,"知之者不如好之者,好之者不如乐之者。"兴趣是最好的老师,一旦学生对数学的兴趣得到激发,那么学好数学就成为一件比较容易的事了。

中小学阶段是一个人智力开发的关键时期。这其实是一把双刃剑:一方面,如果一个孩子在中小学阶段学到他感兴趣的东西,那么他的智力将会得到巨大的开发,他焕发出的能量甚至会超出成年人的想象;另一方面,如果一个孩子在中小学阶段被迫学习他不感兴趣的东西,那么他的智力将会受到严重的扼杀。所以千万不要逼着孩子去学他不感兴趣的东西!也就是说,如果你认为孩子必须学这些知识,那就首先培养孩子对这些知识的兴趣。

　　数学是思维的体操，诚如德国数学家菲利克斯·克莱因（Felix Klein）所说："唱歌能使你焕发激情，美术能使你赏心悦目，诗歌能使你拨动心弦，哲学能使你增长智慧，科学能使你改善物质生活，但数学能给你以上的这一切！"看来，这么好的东西对中、小学生来说是必须要学好的了，但是很多学生厌恶数学，强逼着他们学又会扼杀他们的学习的能力。

　　看来，我必须要挺身而出了。近几年来我一直有个愿望，就是从数学全局入手，用深入浅出的语言把数学讲得浅显易懂，用诗情画意的语言把数学讲得美不胜收，用风趣幽默的语言把数学讲得生动有趣。于是我们开始动笔了。当然，我是教数学的，写不好其他科目的书，但别忘了，我现在担任八所学校的校长，管理着两千多名教师，我会从中挑选水平比我更高的、语言比我更幽默的各科专家与我共同完成。

　　此刻，我似乎看到在不久的将来，将会有一大批学生在这一系列丛书的引导下兴趣大增、走出困境、走向成功，热烈期待中……

自 序

我常常听到很多家长抱怨"我家孩子就是不爱动脑筋,懒得做作业""我家孩子学数学没兴趣,成绩差"。在"双减"背景下,家长又很难给孩子找到有效的辅导班。面对孩子和家长的无奈,我常常会感到一阵痛心和惋惜。

难道小学数学真的如此之难吗?为什么连生活中最基本的数学知识都不能掌握呢?为什么他们这么厌学呢?这是值得众多教育者深思的问题。

那么,有没有这么一本书,既能解决上述的难题,又能带给读者美的享受呢?我想《数学是怎样学好的:小学版》就有这样的魅力。与其说它是一本数学书,倒不如说它是一本故事书、一本童话书。为什么这么说呢?因为该书以大量的故事把数学的知识点进行穿插讲解,帮助读者从丰富有趣的故事中轻松掌握数学知识。它不仅能带你走进一个多彩的童话世界、一个有趣的数学王国,更能帮你在领略美妙故事的同时掌握学习数学的方法,从而收到意想不到的学习效果。

小学数学并不难,你如果真正走进去,就会发现它是一个有着无穷魅力的国度。人们的日常生活中也处处有数学,它的应用之广是你无法想象的。当你走进本书的《魅力篇》时,"妙趣横生的数字""探究经历数学思维"和"感受数学应用之美",这三大章节将向你呈现数字宝宝捉迷藏、拼数游戏、报数游戏、猜猜我是几、周游小数王国、巧算一笔账等不同的数学故事,让你感叹数学从古至今仍在人们的生活中散发着瑰丽的光芒，这大千世界因为有数学的应用而更加绮丽无比。

　　当然，学习数学的关键是掌握良好的学习方法。当拥有了进入数学的金钥匙后，你就会发现进入数学这个大门其实很简单。本书的《方法篇》通过"我的地盘我做主""计算中的小窍门"和"解决问题的方法"这三个章节，将数学学习过程中的一些经典学习方法和学习技巧毫无保留地传授给了读者。同时，它还通过小动物巧算除法、小白兔请客中的简便计算、大象当裁判、糊涂蓝猫做数学、谁先掉进陷阱等一系列的数学小故事，向读者介绍了不同题型的解题方法，这些方法有助于强化读者养成良好的思维方式和优秀的思维品质。

　　本书的《实战篇》是在《方法篇》的基础上撰写的，在内容的设计上紧扣新课标和新教材，将小学数学的基础知识与课外拓展延伸紧密结合，并介绍了不同题型的巧解方法，力求解题技巧与实战方法的完美统一。每一种题型后的"试一试"让你亲自体验实战方法，力求灵活运用、举一反三。当然，这些实战方法也是以有趣的故事展现给读者的哦！

　　亲爱的读者小朋友，你是不是已经迫不及待想翻开本书了？那就心动不如行动，一起开始学习数学吧！

范幼新

从教三十余年，曾获省特级教师、省小数理事会理事、市学科带头人、市教坛新秀、区教科研标兵等称号。

第一篇

魅力篇

在开篇之前我先给大家讲一个真实的故事。

这是一个发生在我身边的故事,主人公现在是我们当地小有名气的优秀小学数学教师,而且分管着全县几千名小学数学教师的培训工作。她在读小学的时候,数学成绩不太好,偶尔能及格,那对她来说就是一件非常快乐的事情了。在这种情况下,她勉强读完了小学,凑合考上了初中。到了初中,她遇到了一位很好的数学老师,是这位数学老师让她的数学成绩步步攀升。后来她考上了梦寐以求的师范学校,成为一名教师。上班的第一天,校长找她谈话,请她教数学课。出于小学时对数学的恐惧,她马上就拒绝了校长。但是当时学校急需数学老师,在校长的再三恳求下,她勉强答应先教一个学期数学试试,一旦学校找到了新的数学老师,她再改教语文。

就这样她阴差阳错地教了数学。当教了一个学期的数学之后,她和朋友聚会,她的第一句话就是:"我现在终于明白,为什么我的小学数学成绩不好了,那是因为我没有遇到好老师。"原来她所教的班级在她接任时是同年级三个班中数学成绩最差的一个班,等一个学期过去,在期末考试评比时这个班的数学成绩已经跃居第一。没想到孩子们学习数学的进步如此之大,连班上最差的学生也能考个及格分。原来小学数学并不难,关键是看老师的指导。后来学校在这个班上做了一次小调查,全班百分之百的学生都喜欢数学,更喜欢上数学课。

小朋友,故事中说的这位老师就是我自己。现在我要借助本书,把自己在教学中摸索到的一些学习数学的方法,全部奉献给大家。我相信读过此书,你今后的学习之路会更加精彩。

第 1 章　妙趣横生的数字

我国是一个数学古国，许多数字中都蕴含着数学的美，如北宋邵雍的《山村咏怀》："一去二三里，烟村四五家。亭台六七座，八九十枝花。"

孩子们在小学阶段，最开始接触的就是数字，他们会在老师的带领下，从 1、2、3、4……慢慢地走进奇妙的数学世界。他们从数数开始，先会数积木个数、会看钟表上的数字，直到后来认识小数、分数，等等。这些都是孩子们需要学习的数字，这些数字中蕴藏着许多奇妙的方法，就让我们一起走进数字的世界去看看吧！

1.1　奇妙的数字

数学的魅力是无穷的！从现在起，让我们一起走进数字的世界，领略它的美丽风景。我们先来看一个凑数游戏：

把 0、1、2、3、4、5、6、7、8、9 这 10 个数字填在下面的括号里，使下面的等号成立。

（　）+（　）=（　）+（　）=（　）+（　）=（　）+（　）=（　）+（　）

这道题是在学生一年级刚入学不久，学过 10 以内的加减法后经常会出现的一道思考题，主要考查的是学生的发散性思维能力。平时学生见到的题目一般都是给算式写得数，这类题大部分学生都能熟练掌握。而上面这样的题目需要他们根据"得数相等"这个条件，来寻找哪些数字能符合这些条件，相对来说有些难度，但只要掌握了方法，解决这个问题就是一件很简单的事了。

如果这道题采用尝试法去解决，那么肯定不是最佳的方法。因为题目中一共给了10个数字，如果随意取两个去试，就会既费时又费力，还不一定能很快地解决。

我们拿到题目后，应该这样观察：这10个数字是从小到大排列的，并且每两个相邻数字之间都相差1，如果我们把最大数与最小数进行组合，比如0+9，然后1+8……这样依次组合下去，看看要填写的空格有多少，这些数字够不够。

填好后我们会惊奇地发现，空格正好够用，而且数字相加的和正好相等，那么就正好符合"得数相等"的条件，这个问题很快就被解决了。

亲爱的小朋友们，一定要记住，学习数学的关键是掌握方法。下面，就让我们一起用刚才的方法，完成下面的题目吧！

 试一试

1. 将1~9这9个数字全部填写到九宫图中的小方格中，使得每一行、每一列和每条对角线上的三个数字之和都等于15。

答案： 第一行填：4、9、2；第二行填：3、5、7；第三行填：8、1、6。

注意：本题有多种答案，上面给的答案只是其中一种。只要你算出来的数字符合每一行、每一列和每条对角线上的三个数字之和等于15就行。

2.6=□+□=□+□=□+□（方框里填的数字不能重复）。

答案： 1，5；2，4；0，6。

3.把1、2、3、4、5这五个数字填在方框里，使每条线上的三个数之和等于9。

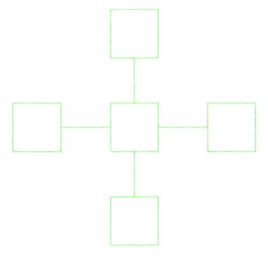

答案： 你只要把大小位居中间的数字填在上图的正中间，然后把"一小"与"一大"进行组合，这样就能很快找到答案了，即中间放3，1和5为一组，2和4为一组。

巧填数字

经过一个学期的学习，小猪笨笨学会了很多知识。最近几天，笨笨一直在紧张地复习着，它希望自己能在这次期末考试中获得满分。今天它在复习时遇到了两个问题，左思右想之后还是不知道怎么做，让我们一起来帮助笨笨解决这些问题吧！

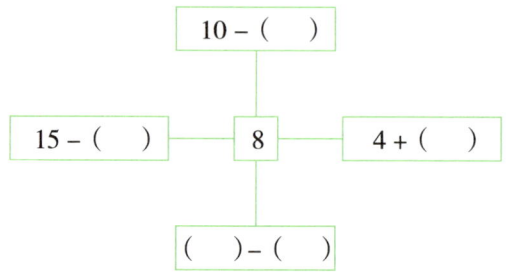

我们在思考这道题时,可以尝试把图中的几个算式进行分解,这样就变得简单了,即 10-( )=8,4+( )=8,15-( )=8 和 ( )-( )=8。其实,这是一道开放题,答案并不是唯一的。小朋友们,你们解出了多少种答案呢?

下面,我们来一起看笨笨的另一个问题,是:

31×( )+28×( )+30×( )=365

如果你是已经学完三年级知识的小朋友,那么我相信你动一动脑筋,肯定就能知道括号里面应该填什么数字。我们看最后的得数是365,是不是能联想到一年有365天?之后,再回过头看看等号前面给出的数字,分别是31、28、30。怎么样,你看出里面的玄机了吗?这些数字正好是一年中大月、平月和小月的天数。那么,一年中有几个大月、几个小月,平年有几个月是28天呢?相信聪明的你已经会填了吧,没错,你比小猪笨笨聪明多啦!

答案: 31×(7)+28×(1)+30×(4)=365。

⏰ 有趣的数字"12"

小朋友们,你们知道一年有多少个月吗?没错,有12个月。其实,这个小小的"12"中还蕴藏着很多有趣的知识呢!

乍看上去"12"这个数字没有任何特别的地方，它的十位数是"1"，个位数是"2"。然而，"12"的因数却把自然数中的前四个数字（这里0除外）全部包含了。还有一点有趣的是，它的因数的个数比较多，正好是它自身的一半（12的因数有6个，分别是1，2，3，4，6，12）。

我们再从日常生活中看，"12"更是奇妙，人的属相中有"12"生肖；12的2倍是"24"，一年分为"24"个节气，一昼夜又分成"24"时；我们再来看看12的3倍是"36"，在古代的兵书中有"36"计之说；12的5倍是"60"，在我们的生活中每小时有"60"分，每分有"60"秒，天干地支中"60"年为一个轮回；等等。

小朋友们，此时的你们可能会十分好奇，为什么"12"和它的倍数在我们的生活中如此常见呢？你们如果去看看医学书籍，还会有更奇特的发现呢！人体的结构也是"12"的天地，比如人体中介于胃与空肠之间的器官名字是十二指肠，人体有12块胸椎、12对肋骨，脊髓有12胸节，并由此发出12对胸神经。此外，人体的经脉中有十二经脉、十二经别，人体的经络中有十二经筋、十二皮部，等等。由此可见，"12"这个有趣的数字在数学王国中有着它奇特的位置，也给人们带来了十分神奇的遐想！

1.2 数字游戏

数学王国里有一群数字宝宝十分可爱，它们经常在一起做游戏。今天，这群可爱的小宝宝又在做游戏了，让我们一起去看看它们在做什么游戏吧。

🕐 数字宝宝捉迷藏

有一群数字宝宝在玩躲猫猫捉迷藏的游戏,一个数字宝宝已经捉住了 11 个数字宝宝,还有 9 个数字宝宝没被捉到,请问,一共有几个数字宝宝在做游戏呢?亲爱的小朋友,你能算出来吗?

我们先把捉到的 11 个数字宝宝,与没有被捉到的 9 个数字宝宝加在一起,但这还没有算完,可千万不要忘记把那个做"猫猫"负责抓人的数字宝宝算进来。把它们合在一起,才是这群做游戏的数字宝宝的总数。哈哈,这道题是不是特别简单,答案是总共 21 个数字宝宝!亲爱的小朋友,这个答案和你算的一样吗?

🕐 拼数游戏

淘气和笑笑拿到 6 张卡片,上面分别写着 0、3、5、2、9、6,老师邀请他们两个一起玩拼数游戏,并要求他们必须合作完成。

拼数要求:(1)拼出一个最大的六位数;(2)拼出一个最小的六位数;(3)拼出一个只读一个 0 的六位数。

淘气和笑笑拼了几次,感觉都不是最大和最小的数字,突然聪明的淘气灵机一动,说:"咱们这样试着拼也太浪费时间了,我觉得其中肯定有方法,你看要拼最大的六位数,是不是可以把给的所有数字从大到小进行排列?"

笑笑一听立刻蹦了起来,开心地说:"还真是!那我也知道最小的六位数怎么拼了,肯定是把这些数字从小到大排列起来。"

淘气想了一下,说:"那样好像不太行,按你的方法拼出来的六位数是'023569',你看看这个数怎么读?"经过淘气的提醒,笑笑马上明白了，说："哎呀！我知道错在哪儿了，把0放到2的后面就可以啦！"

经过努力，淘气和笑笑成功算出了前两个问题，拼出了最大的六位数是"965320"，最小的六位数是"203569"。你看，这个方法多快啊！小朋友，你学会了吗？

现在还有最后一个问题没有解决，就是要拼出一个只读一个0的六位数。淘气说："这个0肯定不能放在最后，按照数的分级是四位一级，0肯定也不能放在从左往右数的第二位，因为那样它就属于万级的末尾了，同样也不读。所以，我们只能把0放在千位、百位或者十位上了。"

笑笑稍做思考，赞同地说："对，只能这样放了。"于是，他们成功地拼出了只读一个0的六位数：230659、320659、230569、320596……拼着拼着，笑笑突然大叫："像这样的我们能拼出很多很多呢！"淘气一看，照此拼下去确实能拼出很多只读一个0的六位数。这时他们又仔细看了看题目，淘气一拍手，说道："呀！原来只要拼出一个这样的六位数就行了，都是因为我们没有仔细审题，才惹出了这样的麻烦啊！"

接着，淘气对笑笑说："现在，我们一起来总结一下这样的题目的解决方法吧！"想拼出最大的数，就把所给的数字从大到小排列；想拼出最小的数，就把所给的数字从小到大排列，如果给的数字中有0的话，就把0放到第二位上；想拼出只读一个0的数，就不能把0放在每一级的末尾，而是放在每一级的中间或那一级的开头。

报数游戏

小朋友们，看了淘气和笑笑玩的游戏，你也想加入进来吗？别急，我现在就教你们玩一个报数的游戏，其中包含了很多的数学小秘密呢！这个游戏需要两个小朋友共同完成，开始游戏时，两个小朋友需要轮流报数。

比如，A 说我报 1，B 可以说我报 2（或者 B 说我报 2、3 两个数，但是最多只能报两个数，不能再多报下去），接下来 A 可以报 3（或 3、4 两个数都行，但不能再多报）……这样两人一直循环报下去，谁先报到 100 这个数，谁就是胜利者。

游戏可以采用 5 局 3 胜制。如果谁没有报到 100，或者是谁多报数了，或者是接对方的数接错了，都算失败。大家可以按照这个游戏规则，去试着报报数，看看这个游戏里有什么小秘密。

答案： 你先报 1，再让对方报数。如果对方报一个，你就报两个；如果对方报两个，你就报一个。这样两人就会固定报三个数，因为你是先报的，所以 1，4，7，10，13 都是你报的，这些数都是 3 的倍数减 2，97 一定在你最后报的数中，97 也是 3 的倍数减 2（即 97=3×33－2），这样对方最后报的数肯定是"98"或"98、99"，你就可以报 100 了。

⏰ 小动物打碎了几个杯子

春节快到了，羊妈妈让小羊到商店里去买一些杯子回来。今天是小羊第一次独立帮妈妈做事，别提心里有多高兴啦！在羊妈妈的再三叮嘱下，小羊蹦蹦跳跳地出门了。它来到超市，选了半天，终于选好了自己喜欢的杯子。小羊正准备到收银台去付款，一不小心把旁边货架上的一摞玻璃杯碰掉了，"哗啦啦……"，小羊扭头一看，一堆碎片堆在了地上。小羊急得直挠头，连忙向售货员小狗赔礼道歉，并表示愿意照价赔偿。但现在有一个问题把小狗和小羊都难住了，它们不知道一共打碎了多少个杯子，结果还争吵了起来，这可怎么办呢？小狗急得汪汪叫，小羊急得咩咩叫，这时周围看热闹的小动物越来越多，大家热心地出谋划策。就在这时，围观的小猴对小羊说："我有一个办法，可以让你知道打碎了几个杯子，要赔多少钱。"说完，小猴对着小羊的耳朵嘀咕了一阵，小羊的脸上露出了恍然大悟的表情。小朋友，你知道聪明的小猴想出的是什么好方法吗？

答案：让小羊先称出一个杯子的重量，然后再称出所有碎杯子的重量，用总重量除以一个杯子的重量，就可以算出有多少个杯子了。

1.3 正负数的小秘密

亲爱的小朋友，你知道正负数吗？相信你肯定知道了整数、小数和分数。其实在整个数学大家族中还有两位我们的好朋友，它们分别叫正数和负数。正数和负数是相反的关系，它们在我们的生活中非常有用。现在就让我们一起去认识认识它们吧！

一对好朋友

"什么？什么？你说的是负数吗？我们两个可要好啦！"咦！小朋友你听到了吗？负数的好朋友正数来了。看来，正数听到大家在议论负数，马上就赶过来了。为什么说到负数，还要提起正数呢？下面先让我们一起来看一个故事吧。

在很久很久以前，一个遥远的乡村里有两户人家，他们的男主人是一对朋友，名字分别叫作正和负。平时正和负相处得可好啦！有一天，正和负坐在一起聊天，有一个人走过来问他们："你们的家在哪里？"正抢着回答说："我们两家人有条界线，那就是0，只要在0以上的地盘都由我正来管，只要在0以下的地盘都是由负来管。人们常常会觉得我们不对付，原因是：0以上我来管的都是很热的地方，0以下负来管的都是很冷的地方，所以人们都说我们是一对'完全相反'的朋友。"负接着说："是啊！是啊！不仅热冷由我们来表示，在人们的日常生活中也常常出现我们两个的身影。比如，小朋友参加知识竞赛的时候，答对记为'+'，答错记为'-'；还有人们的银行账户上也要用到咱弟兄俩，存钱时记为'+'，支出时记为'-'；还有人们在做生意时也少不了我们俩的帮忙，如果经营得好，盈利10000元，就记为'+10000元'，如果经营得有问题，亏本10000元，就记为'-10000元'。你看，人们的生活中到处都是我们的身影，经常会用到我们这一对'完全相反'的朋友。"

小朋友，你瞧，这对好朋友在我们的生活中多么重要啊！

小白兔今天的心情特别好，因为它也学会了正负数，而且大象老师出的关于正负数的题目，它全都做对了，大象老师为此还奖励了它一筐好吃的胡萝卜呢！小朋友，咱们一起去看看小白兔做的都是什么题目吧！

1. 老师告诉小明，向东300米，记为+300米，那么向西500米，记为（　　）。

答案：-500米。

2. 小明晚上看中央电视台的天气预报时，发现哈尔滨-25℃、北

京 –10℃、合肥 –5℃、广州 5℃、三亚 20℃。在这几个地方中，哪里的气温最高？哪里的气温最低？

答案： 三亚的气温最高，哈尔滨的气温最低。

数学家维纳几岁获得哈佛博士

小朋友，你听说过数学家诺伯特·维纳（Norbert Wiener）的故事吗？维纳小时候聪明过人，有着非常高的天资。据说，维纳3岁就能读写，7岁就能阅读和理解著名诗人和科学家的著作，14岁就取得了大学本科的学历。几年后，他又获得了美国哈佛大学的博士学位。

在授予维纳博士学位的仪式上来了很多客人，其中有一位嘉宾看到年轻的维纳，好奇地问："你今年多少岁啊？"聪明的维纳说："我今年的岁数连续乘三次，是一个四位数；连续乘四次，是一个六位数；这两个数正好是由0、1、2、3、4、5、6、7、8、9这十个数字组成，并且它们既没有重复，又没有遗漏。这意味着全体数字都向我朝拜，预祝我将来在数学领域里干出一番大事业来！"

维纳这么一说，好像给所有的嘉宾出了一道智力题一样，大家都在悄悄议论，维纳现在到底几岁？

其实，这个题目说难也不算难，三年级的小朋友都能思考出来，只要多试几次就可以了（当然这里数字比较大，可以借助计算器的帮忙）。假定维纳的年纪是在20岁左右，那么我们可以把20邻近的数字都来试一下，看看其中是不是有符合条件的数字。

假设我们把维纳的年纪当作是22岁，那么就是：

$22 \times 22 \times 22 = 10648$

算出来的结果是五位数，所以22岁肯定不符合条件，可以排除。

同时，比 22 大的数字也都可以排除掉了。接下来我们再试一个数字，比如把维纳的年纪当作是 17 岁，那么就是：

17×17×17×17=83521

算出来的结果不是六位数，不符合条件，所以，比 17 小的数字也可以排除。这样一来，答案就在 18、19、20、21 之间了。我们可以尝试把 18、19、20、21 都算一遍，结果你会发现，只有 18 符合维纳说出来的条件，即：

18×18×18=5832

18×18×18×18=104976

里面果然没有重复的数字，所以，维纳当时应该是 18 岁。

小朋友，这种方法你学会了吗？这就是我们数学上所说的排除法、实验法和步步逼近法。

1.4 轻松学小数

小朋友们，之前我们已经认识了自然数和分数，今天我们要来认识数家族中的一个新成员，它就是小数。下面，就让我们一起走进小数王国，去看看它们的奇妙变化吧！

猜猜我是几

星期天，小猴求猴妈妈带它去公园玩，猴妈妈打算借这个机会考考小猴，如果小猴答对了，就带它出去玩。猴妈妈的题目是：

一个小朋友在读数时，不小心把小数点弄丢了，结果读成了三千

零五。原来的小数也只是读一个零,那么,原来的小数是多少呢?

猴妈妈说:"如果你把这道题做出来了,我就带你去公园。"小猴高兴地说:"嘿嘿!这难不住我,让我想想。"小猴思考了一下,自信地说:"是 30.05。"猴妈妈问:"为什么呀?"小猴得意地说:"因为题目中说只读一个零,而在读数时,整数部分每级末尾的零都不读,中间部分连续有几个零也都只读作一个零;但读小数时可就不一样了,小数部分无论连续有几个零都必须一一读出来。这道题中有连续两个零,而在读小数时只读一个零,所以我肯定这个小数点是在两个零的中间。怎么样,妈妈,我说的对吧?"

听了小猴的分析,猴妈妈直夸小猴聪明,说:"赶紧收拾一下,我现在就带你去公园!"小猴听到后,高兴地蹦了起来,开心得手舞足蹈。

小朋友,你答出来这道题了吗?是否准备好大显身手了呢?

有一个粗心的小朋友在读数时把小数点弄丢了,读出的结果是八万零五十二。原来的小数要读出两个零呢!请你帮帮这个小朋友,找回原来的小数点吧。

答案: 8.0052。

周游小数王国

喜羊羊、美羊羊和沸羊羊今天打算去数学王国游玩,想要到数学王国,必须先经过小数国,而现在小数国的守卫是灰太狼,这可怎么办呢?看到喜羊羊、美羊羊和沸羊羊在纠结,灰太狼眼珠一转,想到了一个"好方法"——"在小数国的每一道门前,只要小羊们回答对了灰太狼提出的关于小数方面的问题,就给它们放行;如果回答不对或答不出来,就必须送上一只羊给灰太狼当晚餐。"

虽然闯关的风险很大,但是三只羊都十分想去数学王国游玩,只好答应了灰太狼的条件。因为前几次灰太狼抓住它们后,虽然想吃掉它们,但最后都没有得逞,它们用自己的聪明才智战胜了灰太狼,所以现在它们很自信,认为这一次肯定也能成功。

就在小羊们为自己每次都能战胜灰太狼而得意时,灰太狼的第一个问题来了:"请举例说出小数的意义,并说出每相邻的两个小数数位之间的进率是多少。"

"哈哈!这个太简单了,一位小数表示十分之几,两位小数表示百分之几,三位小数表示千分之几……比如 0.2 就表示两个十分之一,也表示一个十分之二;0.13 表示十三个百分之一,也表示百分之十三;2.407 表示两千四百零七个千分之一,也表示千分之两千四百零七。每相邻两个小数数位的进率和整数相邻数位之间的进率是一样的,进率是 10。"三只羊几乎是异口同声地回答出了这个问题。灰太狼的阴谋没有得逞,只好乖乖放行。

三只羊高兴地、连蹦带跳地来闯第二关了。"请问,0.3 千克、0.30 千克和 0.300 千克一样重吗?为什么?"这一次小羊们可没有那么快就判断出来。喜羊羊说:"我觉得一样重,因为后面都是 0。"美羊羊说:"我觉得不一样重,你想 0.3 是一位小数,0.30 是两位小数,0.300 是三位小数,大小不一样。"沸羊羊说:"我也觉得是一样重的,虽然它们的小数位数不一样,但十分位上的数字是一样的,其他数位上的数字都是 0,对大小不影响。"三只羊在思考交流了很长时间之后,最后统一了意见,由喜羊羊作为代表来发言。

"它们是一样重的,因为 0.3 千克 = 300 克,0.30 千克 = 300 克,0.300 千克 = 300 克,所以它们是一样重的。"喜羊羊很圆满地回答了这个问题。

灰太狼一听喜羊羊回答得如此完整,再想吃羊也不能不讲理啊,所以只好让三只羊通过了。三只羊顺利地闯过了第二关,兴奋地拥抱在一起庆贺,它们边走边商量着去闯第三关了。

走着走着,一抬头只见眼前竖着一个大牌子,上面清晰地写着:

1. 化简 3.10、15.0200、103.0000;
2. 把 1.01、40、65.3 变成四位小数;
3. 判断对错并举例说明为什么:①小数点后面添上 0 或去掉 0,小数的大小不变;②小数的末尾添上 0 或去掉 0,小数的大小不变,计数单位也不变。

看着眼前的三道题,小羊们心想:看来真把灰太狼惹急了,前两关没吃上羊,这次加大难度和题量了。三只羊把小手握在了一起,相互鼓励。它们打算这次采用一起开动脑筋各个击破的方法,通过这最后一道关卡。经过了一番讨论和思考,答案终于出炉了。它们各分担一项任务,约定好了在回答的时候谁都不能出错,大家要齐心协力战胜这个诡计多端的灰太狼。

这次是美羊羊先回答的:"第 1 题的要求既然是化简,肯定是把这三个小数变成最简的,那么把每个小数末尾的 0 去掉就可以了,而在小数中间的 0 坚决不能动。所以,我化简完的结果是:3.10=3.1,15.0200=15.02,103.0000=103。"美羊羊很自信地说出了答案。

沸羊羊迫不及待地站出来,说:"第 2 题要把它们变成四位小数,在每个小数原有的数后面添 0,差几位就添几个 0,比如 1.01 现在是两位小数,还差 2 位才够四位小数,那就在小数的末尾添上两个

0；再比如40是一个整数，它的小数点省略，在40的后面点上小数点再添上四个0。所以这道题的答案是：1.01=1.0100，40=40.0000，65.3=65.3000。"说完，沸羊羊脸上露出成功的喜悦。

最后喜羊羊要出场了，它的题目最难，所以它在心里提醒自己千万不能说错了，它们三个的身家性命全在这道题上了。喜羊羊说："这两道题都是错的。下面我逐一说明一下为什么错。第①题在小数点后面添上0或去掉0，小数的大小可能会变，比如3.2在小数点后面添上0，就变成了3.02，这样就变成3.2>3.02了。0.051如果在小数点的后面去掉0，就变成了0.51，这样就变成0.051<0.51了。所以，添上0或去掉0都可能会影响小数的大小。下面我再说说第②题错的理由，这道题的前面部分说'小数的末尾添上0或去掉0，小数的大小不变'是对的，但错误出现在后面这句'计数单位也不变'，比如4.3与4.30这两个小数的大小是一样的，但计数单位却不一样，4.3的计数单位是十分之一，4.30的计数单位是百分之一。所以第②题是错误的。"灰太狼听到小羊们陈述得准确无误，虽然不甘心，但也只得乖乖地放行了。

走出小数国，三只羊虽然累得大汗淋漓，但它们心中特别高兴，因为今天它们用集体的智慧又一次战胜了灰太狼。

巧算一笔账

期末考试后，老师让班长小花去超市买一些奖品，这次全班的小朋友考得都很不错，老师决定给他们每人发一支钢笔，所以小花总共买了36支钢笔。回来后，她把发票和奖品一起交给老师，结果老师一不小心，把发票弄上了墨水，这下可急坏了老师。现在发票上是这样的：

36 支钢笔共用去（ ）68.（ ）元

两个括号表示的是被弄脏的数字，已知用去的钱不超过 800 元，小朋友，你能帮助老师把这笔看不清的账算清楚吗？

看到这道题后，可能有的同学不知道该如何下手，你千万不要一个数一个数地去试，那样太费时费力。其实，在这里我们只要稍一动脑筋，就能发现解决问题的方法了。你想想，36 支钢笔共用去了（ ）68.（ ）元，如果我们用倍数和因数来解决这个问题就会变得很简单了。首先，（ ）68.（ ）肯定是 36 的倍数，因为钢笔的价格是固定的。又因为 $36=4\times 9$，所以这个数肯定既是 4 的倍数又是 9 的倍数。其次，从 4 的倍数特征来思考 68.（ ），肯定能被 4 整除，则（ ）可能是 4，也可能是 8；再从 9 的倍数特征来考虑，每个数位上的数字之和能被 9 整除，这个数就能被 9 整除。最后，使（ ）+6+8 这个式子加 4 或 8，得出的结果是 9 的倍数即可。如果是 4 的话，前面第一个数就是 0 或 9，都不符合题意，那就只能是 8 了，这样第一个数就是 5。所以应该花费的钱数是：568.8 元。

9 块糖怎么分成 3 份

小朋友们，今天智慧老人给淘气出了这样一道题：老师给笑笑 9 块糖，要她分成 3 份，请你想一想，有多少种不同的分法？

答案：一共有 7 种不同的分法。

解题思路：把 9 块糖分成 3 份，并没有要求每份都一样多，所以我们把 9 分成三个不是 0 的数相加就可以了。这样我们得到的算式是：$9=1+1+7$，$9=1+2+6$，$9=1+3+5$，$9=1+4+4$，$9=2+2+5$，$9=2+3+4$，$9=3+3+3$。因此有这样的 7 种不同分法。

第 2 章　探究经历数学思维

2.1　巧思妙想，培养思维的深刻性

⏰ 淘气的烦恼——巧找最大数

今天淘气遇到了一个难题。他学过因数和倍数后，还没有什么题目可以难住他的，但今天这道题他左思右想，不知道该如何入手，我们一起去帮帮他吧！

【例】有四个不同的正整数，它们的和是 715。如果让这四个数的最大公因数尽可能大，那么这四个数中最大的一个数是多少？

本题只告诉我们这四个不同的正整数的总和，看起来好像特别难，无从下手。但我们如果能仔细想想其中的道理，那么这道题也并不是很难。在学过分解质因数后，我们可以这样想：若数 M 和数 N 含有公因数 a（即 M、N 都能被 a 整除），那么 M+N 也一定含有因数 a（即和也能被 a 整除）。例如，20 能被 5 整除，15 也能被 5 整除，即 20 和 15 都含有因数 5，那么 20+15 也一定能被 5 整除，即同样含有因数 5。再如我们来看较小的数，4 中有因数 2，6 中有因数 2，那么 6+4 中也肯定有因数 2。

根据以上的推理，我们先把这四个不同的正整数的和进行分解，即：$715 = 5 \times 11 \times 13$。

要想使这四个数的最大公因数尽可能大，首先就应考虑它是"11×13"，但这时剩下的 5 不能是 4 个不同正整数的和；再考虑它们

的最大公因数是"5×13",那剩下的11就可以分成4个不同正整数的和,并且只有这样一种拆分法:11=1+2+3+5。至此,我们可以得出这四个数的最大公因数是:5×13=65,这四个不同的正整数分别是65×1=65,65×2=130,65×3=195,65×5=325,这里最大的一个数当然就是325了!

哈哈!看把淘气高兴的,他又学会了一招。小朋友,你学会了吗?下面,就请你来小试一下身手吧!

有三个不同的正整数,它们的和是357。如果让这三个数的最大公因数尽可能大,那么这三个数中最大的一个数是多少?

答案: 204。

解题思路:先把357进行分解,即357=3×7×17。把7拆分成1+2+4,最大公因数是51,即3×17,三个不同的正整数是51、102和204,所以最大的一个数就是204了。

松鼠妈妈藏松果——巧找公倍数

寒冷的冬天到了,森林里下起了鹅毛大雪。这下可急坏了两只小松鼠,这样的天气怎么出去找吃的呢?但松鼠妈妈却一点儿也不担心。原来松鼠妈妈为了让全家安全过冬,早就藏好了很多松果。

松鼠妈妈微笑着说:"孩子,别急,妈妈早有准备!"

"哪里有吃的,快拿出来吧,我们都饿坏了!"两只小松鼠高兴地叫起来。

"想吃到松果，妈妈还得考考你们，你们答对了问题才能吃到！"松鼠妈妈神秘地说。

两只小松鼠一听更来劲儿了，异口同声地说："妈妈，您赶快提问题吧。"

松鼠妈妈清了清嗓子，说："我过冬前采了100个松果，把它们分别藏在了四个地方，第一个地方藏了一些，第二个地方藏的是第一个地方的3倍，第三个地方藏的是第一个地方的4倍，最后一个地方藏得最多，是前面几个地方松果数量的公倍数，你们猜猜妈妈分别在每个地方藏了多少松果？"

小松鼠兄弟俩听完皱起了眉头，这可怎么算啊？它们一会儿闭目思考，一会儿动手演算，可认真啦！过了一会儿，松鼠弟弟的眉头舒展开来，高兴地叫道："妈妈，妈妈，我算出来啦，我算出来啦！""是吗？"松鼠妈妈露出了笑容，"那你说说。""是啊，快说说！"松鼠哥哥也瞪大了眼睛。

松鼠弟弟得意地说："第一个地方藏了5个，第二个地方藏了15个，第三个地方藏了20个，第四个地方藏了60个，对不对啊，妈妈？"松鼠妈妈满意地点点头。松鼠哥哥着急地问："你是怎么算出来的？快教教我。"

松鼠弟弟认真解释说："妈妈在第一处藏了1份，那么第二处就是3份，第三处就是4份，已经藏了8份，关键是第四处，妈妈说这里藏的份数是前面几处的公倍数，那么这里藏的份数就应该是1、3、4的公倍数，1、3、4的公倍数有12、24、36、48等，而这些数中只有12加上前面的8（即20）是100的因数，因此第四处应该藏了12份。由此可知，松果总共被分成了20份，每份5个松果，这样就可以算出每处的松果数量啦。"

松鼠哥哥听完惭愧地说："还是弟弟聪明，我太笨了。"松鼠妈妈说："哪里是因为它聪明，这与它平时就爱动脑筋有关，你以后遇到问题也要多动脑思考，才能使头脑越来越灵活啊！"说完，松鼠妈妈拿出了松果，兄弟俩愉快地吃了起来。

听完这个故事后，小朋友，你跟着松鼠弟弟学会了如何找公倍数吗？

2.2 一题多变，培养思维的灵活性

淘气分西瓜

我们的学习伙伴淘气今天遇到了一些数学上的问题，小朋友们，咱们一起去帮助他解决一下吧！

【例1】 淘气把 5 个大小相同的西瓜平均分给 6 个小朋友，每人分得多少西瓜？每人分得 5 个西瓜的几分之几？

小朋友可千万不要着急，拿到题目后，我们首先要思考这些问题：现在想把 5 个大小相同的西瓜平均分给 6 个小朋友，要算出每人分得多少，我们可以用 $5 \div 6 = \frac{5}{6}$（个）。接下来看第二个问题：把 5 个西瓜平均分给 6 个小朋友，求每人分得 5 个西瓜的几分之几，也就是把 5 个西瓜看作单位"1"，把单位"1"平均分成 6 份，每份是 $\frac{1}{6}$，即每人分得这 5 个西瓜的 $\frac{1}{6}$。

小朋友，你听明白了吗？在平时你可一定要仔细审题、认真分析、谨慎思考，千万要看清每个问题之间的细小差别哟！

下面请你来小试一下身手吧！

一根绳子长 12 米,现在刘师傅需要用它来捆扎东西,把这根绳子平均分成 19 根,请你帮刘师傅算算,每根绳子占全长的几分之几?每根绳子长多少米?

答案: $\dfrac{1}{19}$、$\dfrac{12}{19}$ 米。

【例2】学校食堂运来 250 吨大米,运来的面粉是大米的 4 倍少 30 吨。食堂运来的大米和面粉总共多少吨?

这个问题其实不难,可以寻找出两条解决问题的途径呢,下面我们先来看看第一条途径吧!

题目要求算出食堂运来的大米和面粉总共多少吨,那么就必须先算出面粉的质量。算面粉的质量前要搞清楚面粉与大米之间的关系,从本题的第二个条件中可以得出:面粉的吨数 = 大米的吨数 × 4-30,又知道了运来大米的质量是 250 吨,所以面粉和大米的总质量是 250×4-30+250=1220(吨),本题的最后综合算式是:

$$250 \times 4 - 30 + 250$$
$$= 1000 - 30 + 250$$
$$= 970 + 250$$
$$= 1220 \text{(吨)}$$

这种方法不错吧,你学会了吗?我们还有一条途径也可以解决这道问题,快跟着老师一起去看看吧。

题目要求算出食堂运来大米和面粉总共多少吨,首先同样需要搞清楚面粉与大米之间的关系,题目中告诉我们面粉的质量是大米的 4 倍少 30 吨,也就是说,250 吨的大米被看成了一份(也就是我们常说的一倍量），面粉质量就是 4 个 250 吨再减 30 吨，于是我们可以求出面粉的质量是：大米质量的 4 倍 –30 吨，因此食堂运来大米和面粉的总吨数是：250×（1+4）–30=1220（吨），本题的最后综合算式是：

250×（1+4）–30

=250×5–30

=1250–30

=1220（吨）

这种方法你看明白了吗？学得如何？还是上面这一类的问题，我们把题目中的条件稍微换一下，解决问题的方法又会发生怎样的变化呢？请看例 3。

【例 3】学校食堂运来 250 吨大米，运来的大米是面粉的 4 倍少 30 吨。食堂运来的大米和面粉总共多少吨？

第一种方法可以先这样想：要求算出食堂运来的大米和面粉总共多少吨，必须先算出面粉的质量，算面粉质量时要搞清楚面粉与大米之间的关系，从本题的第二个条件中可以看出，大米的吨数 = 面粉的吨数 ×4–30，因此面粉的吨数 ×4=250+30，求出面粉的吨数是 280÷4=70（吨）。所以大米和面粉的总质量是 70+250=320（吨），本题的最后综合算式是：

（250+30）÷4+250

=280÷4+250

=70+250

=320（吨）

小朋友，老师相信聪明的你又学会了一招。别着急，下面还有一种方法可以解决这个问题，快来看看，你有没有想到这个方法呢？

题目要求算出食堂运来大米和面粉总共多少吨，那么就必须先知道面粉的质量，算面粉质量时要搞清楚面粉与大米之间的关系，从本题的第二个条件可知"面粉的吨数×4-30=大米的吨数"。因此面粉吨数×4=250+30，可以轻松地求出面粉质量的4倍正好跟280吨大米同样重，如果把面粉的质量当作一份（也就是一倍量），那大米和面粉的总质量就是面粉的质量的（4+1）倍再减去30吨，所以用倍数关系也可以解决这个问题，本题的最后综合算式是：

（250+30）÷4×（1+4）-30

=280÷4×（1+4）-30

=70×5-30

=320（吨）

小朋友，这么算是不是感觉也挺简单的？现在，让我们来总结一下关于这类倍数方面的数学问题的解决方法吧。首先我们要找准一份的量（也就是我们常说的一倍量），然后再看一份的量是已知的还是未知的，最后再列出等量关系式。如果一份的量是已知的，我们就采用顺向思维，先乘再根据题目中说的是多还是少，采用顺向思维，多的就加上，少的就减去；如果一份的量是未知的，我们就采用逆向思维，根据题目中提供的条件是几倍多几还是几倍少几，若是"多几"的就要减去"几"再除以倍数，若是"少几"的就要加上"几"再除以倍数，这种逆向思维题无论是减几或加几，其目的就是要找到几倍量，然后才能除以倍数；逆向思维如果用方程把一倍量设为未知数，也可以按照顺向思维来解决。

1. 红旗小学六年级有女生120人，男生人数是女生人数的2倍还

少 40 人。这个学校六年级一共有多少名学生？

答案： 320 名。

其中一种解题思路：男生人数 = 120×2−40=200，共有学生 = 120+200=320（名）。

2. 小红妈妈到超市买了一些水果，有苹果、葡萄、柚子，一共花费了 64 元，其中苹果比葡萄少花费了 18 元，柚子比苹果和葡萄的总价少 44 元。买苹果花去了多少元？

答案： 18 元。

其中一种解题思路：已知苹果＋葡萄＋柚子＝64，苹果＋葡萄－柚子＝44，苹果＋18＝葡萄，可得：64−柚子＝44+柚子，2 份柚子的价格就是 64−44=20（元），即 1 份柚子的价格是 10 元，那么葡萄＋苹果＝54，葡萄－苹果＝18，2 份苹果的价格就是 54−18=36（元），即 1 份苹果的价格是 18 元。

"六一"节来了

"六一"节来了，同学们要参加方阵表演，老师要求这个方阵必须由 64 人组成，让大队长用最快的速度把阵排好，准备进行训练。这下可急坏了大队长，怎么排呢？还必须是方阵，大队长急得团团转。就在这时，只见大队长一拍脑袋，嘿！主意来了。小朋友，你知道大队长的主意是什么吗？

答案： 想（　　）×（　　）=64 就可以了，即排成 8 行 8 列，这样方阵就肯定是一个完美的正方形啦。

2.3 一题多解，培养思维的发散性

智慧老爷爷卖西瓜

暑假里的一天中午，天气十分炎热，池塘边大树上的知了在"知——知——"地叫个不停。树下，智慧老爷爷手拿芭蕉扇，悠闲地摇着，他的面前整齐地摆着 8 个大西瓜，上面 4 个，下面也是 4 个。在西瓜旁边还放着一块纸板，上面写着总价 48 元。今天，智慧老爷爷不仅要卖西瓜，而且还要考考小朋友们呢。他在心里盘算着，如果哪个聪明的小朋友能回答出来我的问题，我的西瓜就免费送给他。

就在智慧老爷爷心里默默盘算时，淘气来了，他想买两个西瓜，智慧老爷爷一听，微笑了起来，说："可以啊，但你要自己把每个西瓜的价钱算好，算对了，我今天就把西瓜送给你。"

淘气一听，眼珠滴溜溜一转，说："这很简单啊，一个西瓜的价格是 $48 \div 8 = 6$（元），买两个西瓜的价格是 $6 \times 2 = 12$（元）。"

听淘气这么快就口算出了正确答案，智慧老爷爷乐呵呵地兑现了诺言，把两个西瓜都送给了淘气。淘气感谢了智慧老爷爷，正想抱着西瓜走，这时红红来了，她也想买两个西瓜。

智慧老爷爷马上转过脸对红红说："今天我也来考考红红，不过你必须用跟淘气不一样的方法算出该付多少钱，如果能算对，我就把西瓜也送给你。"

红红一听，两眼看着这堆西瓜，绞尽脑汁地想着办法。哈哈！好主意终于来了，她说："我先把这堆西瓜沿着横的方向一分为二，这样每份正好是 4 个西瓜，再把 4 个西瓜一分为二，每份正好就是两个西瓜啦！因此我的算式是 $48 \div 2 = 24$（元），$24 \div 2 = 12$（元），两个西瓜

正好是 12 元。"

智慧老爷爷伸出大拇指，赞赏地点着头说："你们真是太棒了！分别用了不同的方法算出了两个西瓜的价钱，现在爷爷兑现承诺，把这两个西瓜送给红红。"

就在这时，他们的好伙伴明明也来买西瓜了，他一蹦一跳地跑了过来，说："爷爷，我也要买两个西瓜。你们的对话我刚才都听见啦，我可以用跟他们俩都不同的方法算出要付的价格，所以爷爷您也送我两个西瓜，好不好？"

小朋友，你瞧明明多自信呀！他这么快就找到新的方法了，你知道他用的是什么方法吗？

答案：把西瓜竖着平均分为 4 份，每份正好是两个西瓜，这样得出来的数就是两个西瓜的价格啦！算式是：48÷4=12（元）。小朋友，你看这个方法是不是特简单呀！

采松果中的数学问题

冬天马上要来了，松鼠妈妈让它的两个孩子去采一些松果准备过冬。松鼠妈妈说："咱们家打算准备 120 千克的松果，你们要在 3 天之内完成这个任务，如果松鼠哥哥每天采 25 千克的松果，那么松鼠弟弟每天要采多少千克的松果呢？"

两只松鼠马上开始使劲地算啊算！因为它们必须先把每天要采多少千克的松果算出来，才能开始采松果。小朋友，你会算吗？其实这个问题可简单啦，可以用很多种方法来解决。

我们可以这样想：要想知道松鼠弟弟每天采多少千克的松果，就可以先把兄弟俩每天一共采多少千克的松果算出来，也就是用总数 ÷

天数 = 每天一共要采的千克数，然后再用每天一共要采的千克数 – 松鼠哥哥每天要采的千克数，得到的就是松鼠弟弟每天要采的千克数。这道题最后的算式是：

120÷3=40（千克）

40-25=15（千克）

我们还可以这样想：先把松鼠哥哥3天共采多少千克的松果算出来，再用松果的总质量 – 松鼠哥哥3天采的松果质量，得到的就是松鼠弟弟3天共采松果的千克数，然后再平均分给3天，就求出了松鼠弟弟1天要采的松果的千克数。这种算法的最后算式是：

25×3=75（千克）

120-75=45（千克）

45÷3=15（千克）

这道题除了上面这两种算法以外，我们还可以用列方程的方法来解决。如果我们把松鼠弟弟每天采的松果的质量设为x千克，那么松鼠弟弟3天就采了3x千克。而松鼠哥哥3天采的质量是（25×3）千克，这样它们采的质量之和正好是120千克，所以这道题的等量关系就轻松地找到了。因此我们可以这样列出方程：

3x+25×3=120

3x=120-75

3x=45

x=15

小朋友，你看多简单呀！注意，你在算完每种算法以后，可千万不要忘记写出最后的答案哟！这几种不同的算法你学会了吗？下面请你来小试一下身手吧！

1. 王奶奶摘了苹果和橘子各5筐，每筐苹果重32千克，每筐橘子重30千克，请问，王奶奶一共收获了多少千克的橘子和苹果？

答案： 310千克。

解题思路：32×5+30×5=160+150=310（千克）。

2. 在学校献爱心捐书活动中，三年级的小朋友最为踊跃，他们一共捐了342本书，现在要打包运往贫困山区。所有书一共打了6大包和6小包，其中大包每包32本，请问小包每包多少本？

答案： 25本。

其中一种解题思路：先算出大包的书的数量，32×6=192（本），再算出小包的书的数量，342-192=150（本），就能知道小包每包有多少本了，150÷6=25（本）。

阿拉伯数字的来历

小朋友，你知道在我们数学上所使用的0、1、2、3、4、5、6、7、8、9这十个数字是怎么来的吗？人们常常把这些数字叫作"阿拉伯数字"，这是什么意思呢，这些数字是阿拉伯人发明的吗？其实并不是，这些数字是古印度人发明的。当时的欧洲宗教思想占统治地位，科学研究得不到统治阶级的支持，更谈不上什么发展了。那时，欧洲的一些学者通过从阿拉伯传来的大量书籍学到了许多科学知识，并把书中的知识全部当成了阿拉伯科学的成就。他们把经过阿拉伯改进后的古印度数字也当成了是阿拉伯数学家发明的，所以后来的人们就给这些数字取了统一的名字，叫"阿拉伯数字"。

过了若干年后，人们知道弄错了，但那时"阿拉伯数字"这个名字已经广泛流传，而且深入人心，再进行改正已经是一件十分困难的事了，所以至今人们还在叫这些数字为"阿拉伯数字"。

2.4 一题多问，培养思维的创造性

森林影院

小朋友们，今天森林影院将要上映新的动画片，小动物们一听都可高兴啦，全部抢着去买票呢！现在已知影院有82个座位，每张门票卖12元，上午已经售出了55张门票，预计剩余的门票下午全部卖完。_____？

现在请你在横线上提出不同的数学问题。这道题我们可以从以下几个方面来思考：根据题目中的"每张门票卖12元，上午已经售出了55张门票"这两个条件，我们可以提出这样的问题，"上午一共收入多少元？"这个问题解决起来十分简单，只要用门票的单价乘上午售出的张数，就可以得到上午的总收入了。

根据题目中的条件，我们还可以提出"下午一共收入多少元？"这个问题，它的解决方法跟第一个问题的解决方法一样，这里我们就不多说了。

除了上面两个问题，我们还可以这样提问，"一天共卖出多少元？"这个问题我们可以用两种不同的方法解决，一种是直接用座位总数乘门票的单价，另一种是分别用上午和下午售出的门票数乘单价再相加，这两种方法都可求出一天卖出多少元。

其实除了这三个问题以外,我们还可以提出两个比多少的问题,"上午比下午多收入多少元?下午比上午少收入多少元?"这两个问题在本质上是一样的,只要用上午的总钱数减去下午的总钱数即可。

马上要放映了,影院的管理员狮子大叔来检查秩序,它看见今天小猴来了30只,小兔来了24只,小羊来了3只,其他的动物一共来了25只。_____?

小朋友,你从狮子大叔提供的这些数据中能提出不同的数学问题吗?看看你们谁的小脑袋最聪明,是今天的"问题大王"。那边我们的学习伙伴机灵狗来了,瞧它带来了这么多的问题呢!让我们一起看看吧。

1. 小猴和小兔一共来了多少只?
2. 小猴和其他动物共有多少只?
3. 小兔和其他动物共有多少只?
4. 小兔、小猴和小羊共有多少只?
5. 小猴比小兔多多少只?(小兔比小猴少多少只?)
6. 小兔比小羊多多少只?(小羊比小兔少多少只?)
7. 小兔是小羊的几倍?(小羊是小兔的几分之几?)
8. 小猴是小羊的几倍?(小羊是小猴的几分之几?)

…………

小朋友,你看看就这么一道小小的数学题,机灵狗提问都提不完呢!它一股脑儿提出了这么多的数学问题,结果还没有提完。我们今后在解决问题时,也要学习机灵狗的方法,能从不同的角度提出不同的数学问题,相信你在今后的学习中,如果能把这种方法掌握好,肯定会变得越来越聪明!

超市里有很多运动器材,其中每根跳绳 8.60 元、每个羽毛球拍 26.80 元、每个鸡毛毽子 2.90 元、每个乒乓球拍 13.50 元,买两个乒乓球拍和一个鸡毛毽子一共要多少元?请你算出答案后,再继续提出不同的数学问题吧。

答案: 29.9 元,提问题略。

小猪的困惑

一天,小猴和小猪做游戏,小猴给了小猪三张卡片,让小猪用这三张卡片拼成一个正方形,并把拼好后的正方形卡片的面积和周长算出来。这可难坏了小猪,小猪无论如何尝试,也拼不出正方形,把它急得哼哼叫。这时聪明的小狗来了,小狗的眼睛一转,马上主意来了,它悄悄地走到小猪旁边,趴在小猪耳朵上嘀咕了几句,小猪立刻喜形于色,很快就拼出了一个正方形。小朋友,你知道小狗是用哪种方法教小猪拼成功的吗?

答案: 如右图,拼成的正方形边长为 5 分米,它的周长为 20 分米,面积是 25 平方分米。

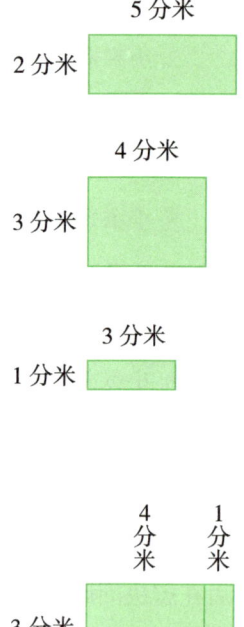

第 3 章　感受数学应用之美

3.1　生活中的数学

⏰ 快乐的生日

今天是笑笑的生日，妈妈特意起了个大早，为笑笑准备了一桌丰盛的早餐，分别是油条、蛋糕、蒸饺、烧卖、牛奶和豆浆。如果我们规定，笑笑只能选择其中一种饮料配一种主食吃，笑笑这顿早餐一共有多少种不同的吃法呢？

小朋友，你会帮笑笑安排吗？其实，我们可以这样思考：既然是一种饮料只能搭配一种主食，那么用牛奶可以分别与以下四种主食搭配（如下图）。同样的道理，豆浆也可以这样进行搭配。因此，我们很快就能发现，笑笑的早餐一共有八种不同的吃法。

这时笑笑起床了，妈妈对她说："今天过完生日，你又长大一岁了，妈妈希望你从今天开始有一个新的形象，所以今天的牛奶你亲自去冲吧，用你的行动向妈妈证明你已经长大了、懂事了。"妈妈又接着

说:"你今天洗脸、刷牙、叠被子只准用 7 分钟,晨练只准用 5 分钟,洗杯子、拿奶粉只准用 3 分钟,烧开水需要的时间会长一些,可能要 13 分钟。你自己安排一下做这几件事情的顺序,如果你想尽快喝到牛奶,总共需要多少分钟?"

听了妈妈的话,笑笑小嘴一撇,心想这还能难到我吗?也太小看我了吧。于是,笑笑不假思索地回答道:"一共要 7+5+3+13=28(分钟)。"笑笑话音刚落,只听妈妈大笑着说:"一看你就没仔细听妈妈的话,我刚才给出的条件是你要能尽快喝到牛奶,也就是求最短时间,你想想,这样的安排能是最短时间吗?"笑笑不好意思地羞红了脸,她开始认真思考起来,忽然她想到,在烧开水的同时还可以做其他事情,这样就可以节省出许多时间。想到这里,她心里有底了,于是她很自信地跟妈妈说:"这次我真的想好了,我先烧开水,在烧开水的过程中,我可以去做其他的事情,这样安排的话所用时间是:7+5+3=15(分钟)。"这时妈妈对笑笑竖起了大拇指,说:"这就对了,经过你科学合理地安排时间,让原来 28 分钟才能完成的任务,现在只需要 15 分钟就能搞定,效率多高啊!这种方法在数学上叫'统筹安排'。今后在日常生活中,你也要像今天早上这样,科学合理地安排好自己的时间,让学习的效率变得更高。"

小朋友,笑笑的这种"合理搭配""统筹安排"的方法,你学会了吗?如果学会了,就让我们一起来小试一下身手吧!

吃完了早餐,笑笑和妈妈一起去逛街,为笑笑买生日礼物。笑笑开心极了,在服装店里挑选了几件自己喜欢的衣服,上衣包括一件毛衣、一件 T 恤和一件夹克衫,下衣包括两条裤子和一条裙子,妈妈笑着说:"我现在要考考你,这些衣服一共有多少种不同的穿法?你回答对了,我就都买给你。"笑笑略微思考了一下,便一口气说出了所用的不同搭配方法。小朋友,你知道一共有几种搭配方法吗?

答案: 9种。

中午回到家后,妈妈和笑笑开始一起做午饭,妈妈要笑笑来为她合理安排做饭的顺序,好让全家人能最快吃上这顿丰盛的午餐。妈妈说:"炖鱼大约要15分钟,热米饭要10分钟,洗菜要5分钟,切菜要3分钟,炒菜要8分钟。"笑笑一听,说:"这很容易啊,我来安排,保证当好您的小助手。"小朋友,你知道笑笑是怎么安排的吗?她用的最短时间是多少分钟呢?

答案: 炖鱼和热米饭的同时洗菜、切菜、炒菜。一共需要5+3+8=16(分钟)。

吃过午饭后,笑笑和爸爸一起乘坐公交车去博物馆参观。父女二人刚坐上3路车,准备出发的时候,这时站内的1路车也要出发了,两路车并排开出了车站。这时,爸爸笑着问笑笑:"爸爸有个问题,想考考你。"笑笑胸有成竹地说:"没问题,您说吧。"爸爸说:"我的问题是,如果1路车每隔5分钟发车一次,3路车每隔7分钟发车一次。这两路车至少要过多少分钟后,才能再次同时发车呢?当然这里有一个前提条件要说明,就是这两路车都是从这个车站发车的。"稍停片刻,笑笑心想:1路车和3路车的起点站是同一个地方,那就是求5分钟和7分钟的最小公倍数……想着想着,笑笑情不自禁地脱口而出:"再过35分钟。"爸爸说:"为什么是35分钟呢?你和我说说理由吧!"笑笑自信地解释说:"因为5和7是互质数,互质数的最小公倍数就等于这两个数的乘积(7×5=35),所以35就是它们的最小公倍数。也就是两路车至少再过35分钟才能同时发车。"爸爸听了后，直夸笑笑聪明，回答得十分正确！笑笑兴奋地高举双手大叫："哇！"

小朋友，从笑笑一天的生活中，你会发现：数学知识在日常生活中无处不在。现在，赶快去跟你的小伙伴们说说吧！不过先别急，我这儿还有个问题想请你来回答呢！

从前，在美丽的大海边有一个小渔村，村里住着一老一少两个渔夫。有一年，他们从4月1日起开始出海捕鱼，并且每个人都给自己定了一条规矩。老渔夫说："我捕一天鱼后要休息一天。"年轻渔夫说："我捕两天鱼后要休息一天。"有一位城里的朋友想趁他们一起休息的日子去看望他们，那么在这一个月里，他最早可以选择哪天过去呢？你可以帮他把这个日子找出来吗？

答案： 老渔夫的休息日是：2、4、6、8……；年轻渔夫的休息日是：3、6、9、12……，所以最早可以选择6日过去。

孝顺的小喜鹊

寒冷的冬天，北风呼啸，大雪纷飞。在这寒冷的天气里，小喜鹊被冻得缩成一团，躲在妈妈的翅膀下取暖，喜鹊妈妈也一个接着一个地打喷嚏。懂事的小喜鹊看在眼里急在心里，它对妈妈说："我已经是男子汉了，我要来保护您，我去给您买药吧！"说完，就抖动着翅膀向药店飞去。小喜鹊到药店买了两盒感冒药，共52元，一盒26元，它付给营业员100元，营业员找给它48元。找好钱后，小喜鹊又仔细核算了一下。它在想:"如果我先给营业员 50 元,之后再付 10 元,营业员只用找给我 8 元就可以了。或者如果我有零钱,也可以先付 50 元,再付 2 元,营业员就不用再给我找钱了。"

通过这次给妈妈买药,我们可以看出,小喜鹊不仅是一个孝顺的孩子,同时还是一个爱动脑筋的孩子,它很善于发现与日常生活息息相关的数学问题。

圆柱体中的小秘密

小朋友,你有没有注意到家中盛放茶叶的茶叶筒大部分都是圆柱体形状的?你知道这是为什么吗?学过正方形和圆形面积的计算后,你就会恍然大悟。周长相等的长方形、正方形和圆形,它们三个相比,你知道谁的面积最大吗?当然是圆形喽!我们可以由此来推想为什么我们家庭中使用的茶叶筒大部分都是圆柱体:表面积相同时,柱体中圆柱体的容积要大一些。所以,人们把茶叶筒做成圆柱体主要是为了多放一些茶叶。原来秘密在这里呢,小朋友们现在都听明白了吗?

熊妈妈带着小熊去打 10 升油,它们带着一个空油桶,营业员喜鹊阿姨抱歉地说:"真不好意思,今天店里的量油器出故障了,现在没办法给你们称量。"

喜鹊阿姨又说:"不过,我这儿现在有两只空油桶,它们的容积分别是 3 升和 8 升,如果你们可以找出办法称量出 10 升的油来,我就把油卖给你们。"

听了喜鹊阿姨的话，小熊开始动脑筋想办法了。过了一会儿，小熊终于想出了一个好办法，称出了 10 升的油。小朋友，你知道小熊想到的是什么好办法吗？

答案： 先把 8 升的桶装满，再把 8 升油桶中的油倒出 3 升，将 3 升的桶倒满，然后把 8 升的桶中剩下的 5 升油倒入妈妈的桶内。随后按照上面的做法操作一次，两次相加正好得到 10 升油。

3.2 游戏中的数学

摸球比赛

今天天气特别晴朗，动物园里也装扮一新，彩旗迎风招展，一场别开生面的摸球比赛马上要在这里举办啦！两位选手小猴和小兔早早地来到擂台前等待游戏开始。

大象裁判准备了一个大盒子，在盒子中放了 3 个红球，5 个蓝球，7 个白球。小猴和小兔的摸球游戏马上就要开始了，你瞧小动物们都来凑热闹了，在每位选手的身后都已经站满了啦啦队员。

在电子屏幕上清晰地显示着游戏规则：

每人只能摸三次，谁摸到红球，谁就能得到奖励。

随着大象裁判的一声令下，第一局开始了，这局是小猴先摸球，它一伸手就摸到了红球；小兔也开始了摸球，它看到小猴一下就摸到了红球，心理压力特别大，它把小手在盒子里使劲地搅一搅，然后再闭上眼睛，使劲一拿，哇——怎么是白球呀！小兔懊恼地低下了头，连身后的啦啦队员们也跟着叹气。大象裁判连忙安慰小兔说："不要紧，下面还有两次机会呢！"接着大象裁判宣布："第一局小猴获得奖励！"

第二局开始了，这一次是小兔先摸，只见小兔闭着眼睛，抿着小嘴，把小手伸进去一拿，呀，太可惜了，怎么是一个蓝球啊！小兔急得直跺脚，身后的啦啦队员都在为小兔惋惜。这时小猴很自信地仰着那张猴脸，得意地摸出一个球，松开手一看，"耶——"连小猴身后的啦啦队员们都在惊呼。小猴又摸到了红球，大象裁判再次宣布："第二局小猴获得奖励！"

第三局开始了，这次应该轮到小猴先摸了，可它看到小兔如此懊恼的样子，想着应该友谊第一，比赛第二。于是它主动让小兔这次还是先摸。"小兔呀小兔，你这次可一定要抓住机会了。"表情很紧张的小兔在心里默默地念叨着。只见小兔十分认真地把小手伸进盒子里，又在盒子里用力搅一搅，然后伸手一拿，结果这次摸到的又是白球。垂头丧气的小兔没精打采地瘫坐在板凳上，无论小猴这次摸到什么球，小兔都不会获得奖励了。正在它十分气恼的时候，场上一片哗然，原来小猴又摸到了红球。

这时，大象裁判走过来，拉起小兔说："这次比赛不仅说明小猴运气好，而且这里面还有一定的数学道理呢。你回去再好好地揣摩揣摩吧！"

接下来大象裁判宣布："本次比赛，小猴获得三次奖励！"

小兔听了大象裁判的话，端起盒子就跑到一边琢磨了起来。经过反复试验，小兔终于找到了答案。在这个盒子里，一共放进了15个球，其中红球有3个，那么红球就占总球数的五分之一，也就是说，能摸到红球的概率是20%。它把这个重大发现告诉了大象裁判，大象裁判说："是呀，这就是数学中的概率问题，你要好好学习。"

小朋友，这就是在游戏中蕴藏的数学小知识，我相信只要大家留意观察，就一定可以在我们身边许许多多的小游戏中找到更多有趣的数学知识。

聪明的阿凡提

小朋友，你肯定听说过很多关于阿凡提的故事吧！阿凡提喜欢骑着小毛驴到处逛，但是他骑毛驴的方法跟别人不一样，别人都是正着骑，而他喜欢倒着骑。

阿凡提很聪明，也很幽默，他喜欢捉弄那些有钱人和专门欺负老百姓的人。有一天，国王要杀死阿凡提，阿凡提说："国王，我会比你早死两天。"因为阿凡提之前无意中说中了国王管家的死期，所以国王害怕阿凡提的话再次应验，吓得再也不敢提杀阿凡提的事了。阿凡提每次都能凭借自己的聪明才智，躲过灾难，保全自己。

这一天，阿凡提又骑着毛驴来到集市，他听说有一个商贩在市场里随意提价，心里很生气，仔细了解一下才知道，原来这个商贩把盐水鹅提价到了30元一斤。阿凡提跟两个朋友一起来到这个商贩的摊位前，说："我要买你的一只全鹅，我的一个朋友喜欢吃鹅头，另一个朋友喜欢吃鹅爪，我喜欢吃鹅身。我们三个把你这只鹅买下，这样吧，你的鹅头卖7元/斤，你的鹅爪也卖7元/斤，你的鹅身干脆就卖16元/斤，这样我们三个的钱数加在一起正好是30元/斤，你也划算。"这个商贩听了，觉得这个办法不错，于是决定把鹅分开卖，分别称给了阿凡提和他的两个朋友。

阿凡提和他的朋友们走后，这个商贩才意识到他算错账了，急忙喊："不对——不对——，我吃亏了，我吃亏了。"

小朋友，你知道这个商贩是怎么吃亏的吗？

答案： 因为按阿凡提的算法，他和朋友们总共花了 30 元，买了 3 斤的盐水鹅。而按商贩的算法，30 元只能买 1 斤的盐水鹅，所以商贩觉得自己吃亏了。

3.3 数学中的古代问题

小朋友，你见过古代的数学问题吗？我们在日常学习中经常会碰到这些古代的数学问题，而且这些数学问题在我们小学阶段也经常会遇到，很多小朋友在考试时容易失分。在这里给大家介绍几种常见的古代问题，希望对你们今后的学习能起到一定的引导作用。

盈亏问题

【例1】 今有人共买物，人出八，盈三；人出七，不足四，问人数、物价各几何？

小朋友们在拿到这个题目时不要慌张，我们先把题目的意思弄清楚，再来解决问题。题目的意思是：今天有一群人在一起凑钱买物品，如果每人掏出 8 元，就会剩下 3 元；如果每人掏出 7 元，就会差 4 元。问现在有多少人凑钱？物品是多少元？

这类题目我们把它叫作盈亏问题，解题时可以这样想：如果每人少拿出（8-7）元时，实际上会差了（4+3）元，这说明人数是 7÷1=7（人），这样物品的价格也就算出来了。

人数：（4+3）÷（8-7）=7（人）

商品价格： 7×8-3=53（元）或 7×7+4=53（元）

我们还可以用方程来解决这个问题，可以这样想：设有 x 人。这样就可以用含有未知数的公式表示出物品的价格，两种情况下总价格是相等的。从而列出方程：

8x-3=7x+4

8x-7x=7

x=7

商品价格： 8x-3=8×7-3=53（元）

从上面的这个古代的盈亏问题，我们来总结一下，解决这类问题时有一个十分简单的方法，那就是：（盈＋亏）÷（初分数－再分数）＝人数，求出人数后，我们就可以轻而易举地求出物品的价格（或个数）。

我们的祖先特别聪明，在那个时代他们就已经编出简单易记的口诀来解决这类问题：有余加不足，大减小来除。用这种方法来解决盈亏问题十分方便，只要把数据往里面一套，立刻就能算出结果。当然，我们更希望小朋友们在学习这类问题时，做到在理解题目的基础上再去解决这些问题。

有一群小朋友去公园划船，如果每条船上坐 6 个人，还有一条船空 4 个座位；如果每条船上坐 5 个人，还剩 3 人没有座位。提问：这群小朋友有多少人？公园里共有多少条船？

答案： 小朋友共有 38 人，7 条船。

解题思路：设有 x 条船，可列出方程：6x-4=5x+3，即 x=7，人

数 = 6×7−4=38。

鸡兔同笼

【例2】一百馒头一百僧，大僧三个更无争，小僧三人分一个。大小僧人各有几？

可能有的同学要说了，你的标题上说的是鸡兔同笼，怎么题目里却是百僧分馒头的事啊？其实，无论是鸡兔同笼还是百僧分馒头，都是用同一种思路来解决问题，不信我们就一起来看看吧！

我们先来解读一下题目的意思：现在有100个馒头要分给100个和尚，大和尚每人吃3个馒头，小和尚3人合吃1个馒头。提问：大、小和尚分别有多少人？

假设这100个人全是大和尚，大和尚一人吃3个馒头，那就要有3×100=300（个），比实际多了300−100=200（个），将3个大和尚换成3个小和尚，馒头数要减少3×3−1=8（个），200÷8=25，所以小和尚有25×3=75（个），大和尚有100−75=25（个）。

我们还可以这样想：把3个小和尚和1个大和尚看成一组，每组就要4个馒头，再看看100个馒头中有多少个4个馒头，就有多少组，100÷4=25（组），每组有1个大和尚和3个小和尚，这样就算出大小和尚分别是：25×1=25（个），和25×3=75（个）。小朋友，你看这种方法巧不巧？

【例3】鸡兔同笼是我国古代著名的趣题之一，在中国古代重要的数学著作《孙子算经》中就记载了这个有趣的问题。书中是这样叙述的："今有雉兔同笼，上有三十五头，下有九十四足，问雉兔各几何？"

我们来看看这四句话的意思：有若干只鸡和若干只兔同在一个笼

子里，从上面数，有35个头；从下面数，有94只脚。提问：笼中鸡和兔各有几只？

先来用算术法解决这个问题，假设全是鸡：2×35=70（只），结果算出脚的总数比实际脚的总数少：94-70=24（只），为什么少了24只脚呢？因为把4只脚的兔子看成了2只脚的鸡，所以得出兔的只数：24÷（4-2）=12（只），再算出鸡的只数：35-12=23（只）。

假设全是兔：4×35=140（只），结果算出脚的总数比实际脚的总数多：140-94=46（只），为什么多出46只脚呢？原来是把2只脚的鸡看成了4只脚的兔，所以得出鸡的只数：46÷（4-2）=23（只），再算出兔的只数：35-23=12（只）。

本题还可以用方程来解决，设兔有x只，则鸡有（35-x）只。

4x+2（35-x）=94

4x+70-2x=94

2x=24

x=24÷2

x=12

35-x=35-12=23

所以，兔有12只，鸡有23只。

小朋友，我们一起来总结一下这类题目的解题思路：首先使用假设法，如果先假设它们全是鸡，那么根据鸡兔的总数就可以算出在假设的前提下共有多少只脚，把这样得到的脚数与题中给出的脚数相比较，看看相差多少，每差2只脚就说明有1只兔，将所差的脚数除以2，就可以算出共有多少只兔。概括起来，解鸡兔同笼题的基本关系式是：兔数=（实际脚数－每只鸡脚数×鸡兔总数）÷（每只兔子脚数－每只鸡脚数）。同样的思路，我们也可以假设全是兔子，思考的

方法与上面的一致。

我们也可以采用列方程的方法：设兔子的数量为 x，鸡的数量为 35-x。那么：4x+2（35-x）=94，求出 x 即为兔子的只数，再利用 35-x 算出鸡的只数。

小朋友，这种鸡兔同笼的问题你学会了吗？下面我们来小试一下身手，好吗？

龟鹤共有 100 个头，350 只脚。提问：龟、鹤各多少只？

答案：鹤 25 只，龟 75 只。

解题思路：和鸡兔同笼的思考方法一致。设龟的数量为 z，鹤的数量为 100-z。那么：4z+2（100-z）=350，可以求出龟有 75 只，再用 100-75，可以算出鹤有 25 只。

质量单位有哪些

小朋友，在质量单位中除了较常用的吨、千克和克以外，还有一个不常用的单位，你知道是什么吗？这个很小的质量单位就是"钱"。你听说过吗？你可能会感到诧异，是呀！"钱"也是质量单位，它在人们的生活中不经常使用。若走进中药店，你就会发现"钱"在这儿是常用的单位，因为医生在给病人称中药时就需要这个质量单位。"钱"这个单位很小，在我们的日常生活中 10 钱才是一两，而一两才是我们学过的 50 克，1000 克才是 1 千克呢！你想想看，这个质量单位得有多小啊。它虽然在我们的日常生活中使用频率很低，但它在中药店使用频率很高。大家一定要记住这个质量单位，让它更好地为我们人类服务。

3.4 数学中的工程问题

小朋友，你听说过工程问题吗？你知道什么是工程问题吗？在人们的日常生活中，生产某种产品，完成某项任务、某项工作等，都会涉及工作总量、工作效率、工作时间这三个量。探讨这三个量之间关系的应用题，被称为工程问题。工程问题的主要特点是有时候工作总量不直接给出，那样就需要我们将工作总量看作整体"1"。在实施新课改以后，这类问题已经不单独出现在整章整节的教材中了，只是在一些题目中简单地渗透一些。

梅花鹿老师给动物学校的孩子出了一道这样的题目，让我们一起去看看，它们会不会解决这个问题。

【例1】师徒两人共同加工一批零件，4小时后，两人恰好加工这批零件的一半，徒弟已经加工了40个。工作效率不变，当两人加工完这批零件时，徒弟比师傅少加工25个。这批零件共有多少个？

现在有两个小动物完成了作业，我们去看看它们是怎么想的。小猪是这样想的：先求出两人共用了多长时间生产这批零件，根据题目中的条件得：4×2=8（小时），算出时间后即可算出徒弟一共加工的个数是：40÷4×8=80（个），然后再把师徒两人做的零件个数加起来就是这批零件的总数，是80×2+25=185（个）。

再来看看小猴是怎么想的：由"4小时后，两人恰好加工这批零件的一半"可知，在他们工作效率不变的前提下，师徒两人已经各自完成自己加工零件总数的一半。因此,当两人加工完这批零件时,徒弟加工了 40×2=80(个),师傅加工了 80+25=105(个),这批零件共有 105+80=185(个)。同学们,小动物们的两种不同思路都已经完整列出来了,你感觉哪种方法简便些,你在今后的学习中就使用哪种方法;你还有与它们都不同的方法吗?如果有,那就赶快写出来与它们一起分享吧!

这不,梅花鹿老师又给它的学生们出了第二个问题。

【例2】有一个工程,甲、乙两个工程队共同完成需要 18 天,如果甲队干 3 天、乙队干 4 天,能完成工程的 $\frac{1}{5}$。那么甲、乙两队如果单独干,各需多少天?

这时小动物们可都被难住了,不知道从哪儿下手来解决这个问题。梅花鹿老师耐心地给小动物们讲解着方法:可以先这样想,知道甲、乙共同完成这个工程需要 18 天,那就可以算出两人合作每天完成这个工程的几分之几($1 \div 18 = \frac{1}{18}$);接着算出两人在一起 3 天共完成这个工程的几分之几($\frac{1}{18} \times 3 = \frac{1}{6}$);因为乙干了 4 天时间,我们可以看作甲、乙一起干了 3 天,然后乙又单独干了一天,所以通过这一天的差就能顺利地求出乙每天干了几分之几($\frac{1}{5} - \frac{1}{6} = \frac{1}{30}$);乙的工作效率算出来了,再用甲、乙的工作效率和,减去乙的工作效率,就是甲的工作效率($\frac{1}{18} - \frac{1}{30} = \frac{1}{45}$);这样甲和乙的工作效率都求出来了,就可以轻松地求出他们单独完成此工程各需要多少天了。甲需要的天数是:$1 \div \frac{1}{45} = 45$(天),乙需要的天数是:$1 \div \frac{1}{30} = 30$(天)。

小朋友,你看梅花鹿老师说得多仔细呀,小动物们都听明白了。现在你也听明白了吗?虽然甲、乙没有同时来干这个工程,但我们可以把他们当作是同时干了 3 天,这样剩下的一天就是乙干的工作量,也就是乙的工作效率。知道了乙的工作效率,当然就能很顺利地算出甲的工作效率，两人的工作效率都知道了，立刻就可以算出他们单独完成需要的工作时间啦！

 试一试

1. 把一堆食物给小猫吃，它每天能吃这堆食物的 $\frac{1}{12}$，让小狗吃，它每天能吃这堆食物的 $\frac{1}{9}$，如果小猫和小狗单独吃这堆食物，各能吃多少天？

答案：小猫：12天，小狗：9天。

2. 海港码头有一批集装箱，甲、乙两辆加长货车同时运输需要14天才能完成。现在甲先运了2天，因为有新的任务被调离，乙接着运了3天，共完成这批任务的 $\frac{1}{6}$，甲、乙两辆货车单独运这批货物各需要多少天？

答案：甲：21天，乙：42天。

解题思路：甲、乙合作每天可以完成运输的 $\frac{1}{14}$，如果看作甲、乙共同工作2天，则可以完成运输的 $\frac{1}{14} \times 2 = \frac{1}{7}$。之后，可以算出乙每天运输了 $\frac{1}{6} - \frac{1}{7} = \frac{1}{42}$，甲每天运输了 $\frac{1}{14} - \frac{1}{42} = \frac{1}{21}$。最后求出甲需要21天，乙需要42天。

3.5 数学中的行程问题

小朋友，前面我们知道了古代的一些数学问题，还学会了解答工程问题。今天我们一起学习解决一类新的问题，这就是与我们生活息息相关的行程问题。

【例1】一列火车以每秒30米的速度，通过一座长度为2400米的大桥。从火车头上桥开始计算，到车尾离桥总共经历了85秒，这列火车的长度是多少？

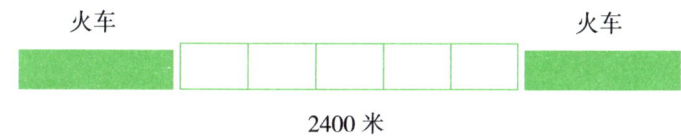

2400米

小朋友们，这道题我们可以这样来思考：整列火车都是以相同的速度在运行，因此从车头上桥到车尾离桥，火车行走的路程为：大桥的长度+火车的长度。

我们可以根据已知条件，求出火车行走的路程是：30×85=2550（米）。

从上图中我们可以看出，火车在85秒内穿越大桥时所走的路程2550米中，包括了车身的长度和大桥的长度。由此我们可以算出火车的长度是：2550-2400=150（米），我们列出的综合算式是：

30×85-2400

=2550-2400

=150（米）

然后再写出答语，这道题就全部完成了。

【例2】聪聪和明明同时分别从相距24千米的两个度假村相向而行，经过2小时后，他们俩还相距6千米，聪聪每小时行走4千米，请你算算明明每小时行走多少千米？

此题我们可以这样思考：从图中可以看出，两人是在相距 24 千米的道路上相向而行的；同时行走的时间是 2 小时，而在这 2 小时中，两人走过的路程之和不是两个度假村之间的距离，而是还相差 6 千米。由此我们可以知道，两人 2 小时行走的路程之和应该是：24-6=18（千米）。

因为 18 千米是两人在 2 小时内共同行走的路程，所以我们可以把 18 千米的路程除以共同行走的时间 2 小时，就可以得到每小时两人行走的路程和，而条件又告诉我们聪聪每小时行走 4 千米，所以我们可以这样列式求出明明每小时行走的路程：18÷2-4=5（千米）。

该题的综合算式是：

（24-6）÷2-4

=18÷2-4

=9-4

=5（千米）

现在我们来总结一下行程问题的解决方法：我们要从题目的条件中着手思考路程、时间、速度这三个量，条件给出了哪些数量，或是间接给出了哪些数量。当然，在这之前你要知道这三个量之间的关系式，路程=时间×速度，速度=路程÷时间，时间=路程÷速度。这三个数量关系式你掌握好了，无论题目如何变，你都应该会解决了。

例 2 中的行程问题是相遇类的行程问题，这类问题也有三个数量关系式：相遇路程=速度和×相遇时间，速度和=相遇路程÷相遇时间，相遇时间=相遇路程÷速度和。这三个关系式对我们解决相遇类的行程问题很有帮助，小朋友们拿到题目时要仔细看清题目意思，属于哪一类的问题，就使用哪种解题方法解决。在这里我还想提醒小朋友们，相遇问题不一定都是相向而行，有时候从同一个地点相背而行,也可以使用相遇问题的解决方法来解决。下面咱们就来小试一下身手吧!看看你学会了吗?

1. 甲乙两辆汽车分别从 A、B 两地同时出发,相向而行,已知甲车每小时行 75 千米,乙车每小时行 80 千米,经过 3 小时两车在途中相遇,请问 A、B 两地相距多少千米?

答案:(75+80)×3=465(千米)。

2. 淘气和笑笑同时从学校出发,相背而行,前往各自的家中,已知淘气每分钟行走 65 米,笑笑每分钟行走 60 米,经过 6 分钟后,他俩同时到家了,他们两家相距多少米?(淘气家、笑笑家和学校在同一条直线上。)

答案:(65+60)×6=750(米)。

3. 一辆汽车穿过一条穿山隧道用了 30 秒,汽车的行驶速度是每秒 20 米,这辆汽车的车身长 6 米,这条隧道长多少米?(这里把汽车看作一个整体,不考虑车头、车尾的问题。)

答案:20×30-6=594(米)。

有趣的比赛

淘气、笑笑、机灵狗在进行智力抢答。题目是这样的:有四位小朋友在一个环形跑道上赛跑,第一位小朋友 5 分钟跑了一圈,第二位小朋友 5 分钟跑了两圈,第三位小朋友 5 分钟跑了三圈,第四位小朋友 5 分钟跑了四圈。现在如果让这四个小朋友从同一起点向同一个方向跑，经过多少分钟他们会相遇在什么地方？

看完这道题，淘气、笑笑都晕了，说："那就让他们去跑道跑跑看看呗！"只有机灵狗一下就想明白了，它高兴地摇着尾巴，露出一脸得意的表情。小朋友你想明白了吗？你觉得需要去亲自跑一跑吗？

答案：他们四个是同时同向的跑，所以经过 5 分钟，他们又会重新回到起点相遇，只不过每人跑的圈数不一样罢了。

第二篇

方法篇

  其实小学数学很简单,有的孩子学不好数学,并不是头脑笨,关键是方法没有掌握好,在日常的学习中没有培养出良好的思维习惯。究其原因,主要是小学生年龄小,自己不善于总结,有的老师在日常教学中也不善于引导学生发现总结那些优秀的学习方法。很多家长和学校的老师只知道拼命地逼孩子做题,根本就没有想过通过题海战术训练出来的学生,最终会是怎么样的结局。

  记得有一位著名的特级教师曾经说过"熟能生巧,熟能生笨"。的确是这样,如果孩子能在老师的正确引导下,有选择性地做大量题目,这样做出来的效果可能会是"熟能生巧";但如果没有老师正确的引导,或者有的老师根本就不引导,只管拼命地布置给学生大量题目,使用那种无休止的题海战术,加之学生自己年龄小不善于总结,也不会思考。我们来试想一下,通过大量的题海战术训练出来的学生,最终的结果又会是怎样的呢?我想,毋庸置疑会像这位名师说的那样"熟能生笨"。

  由此可见,在学习中掌握良好的学习方法是十分重要的。因此.每位同学不仅要在老师指导的方法下认真学习,而且还要学会摸索出一套适合自己的独特的学习方法,这些对于提高你的学习成绩一定会有着不可估量的作用。

  今天,我想借助这里,向同学们介绍几种我在日常教学中引导学生学好数学的方法。当然,我希望对每一位读者朋友来说,这些方法能对你的学习起到一种抛砖引玉的作用。可能你在阅读此书的过程中会发现一套十分适用于你自己的学习方法,这就是我编写这些内容的最终希望。

第 1 章　我的地盘我做主

小朋友，一个人的良好学习方法和学习习惯不仅对你当前的学习有很大帮助，有时还会对你一生的学习都有很大的影响。学习方法很重要，每个人都要学会独立思考、认真总结，善于观察与联想，要做到学以致用，创造性地解决生活中常见的问题。

1.1　自主整理与复习

可能有的同学看到上面的标题时，会问：什么是自主整理与复习啊？其实很简单，就是你自己学会把近一段时间所学的知识独立地整理出来，并能找到正确的方法进行复习。这种方法对你的学习有着十分重要的意义。下面让我们一起去看看你们的学习伙伴淘气是怎么整理与复习的吧！

淘气的法宝

今天是周末，淘气写完作业以后，想到自己已经把小学六年的知识全部学完了，就想试着整理整理这些知识，并把它们复习一下。想到这儿，他立刻开始动手整理起来。淘气把六年来所学的知识像串冰糖葫芦一样，一点一点地串起来。淘气想从"数与代数"开始串，在这里第一部分知识就是"数的认识"。"数的认识"包含整数、小数和分数，整数里面又包含数的意义、数的读法与写法、数的整除、数的大小比较；小数里面又包含小数的意义、小数的读法与写法、小数的性质、小数的大小比较；分数里面又包含分数的意义、分数的读法与写法、分数的基本性质和分数的大小比较。

下面是淘气在对这部分知识的整理过程中，所呈现出来的树状"知识链"，这种树状"知识链"可以十分清晰地把小学阶段所学的知识系统地梳理出来，便于我们理解记忆。快让我们一起去参观参观淘气整理的树状"知识链"吧！你瞧，他把"数的认识"整理得多清楚呀，我们能一眼看清六年来自己学过的关于"数的认识"方面的知识有哪些。

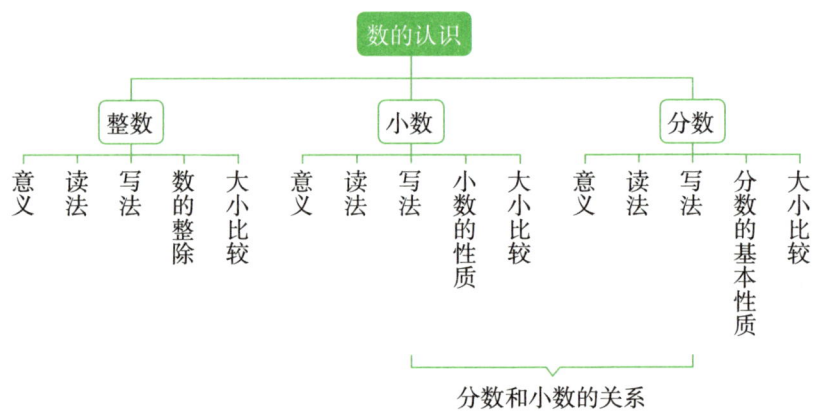

知识的脉络清晰地展现在我们眼前，淘气一边整理"数的认识"这部分的知识，一边复习这些知识点。他复习了整数的意义、计数单位的概念、每相邻两个计数单位间的进率、较大的数的读法与写法，读写数的法则是，读数或写数时都应该从高位读起或写起，而且都要分级读写，这样不容易出错。在读数时，如果每级的开头或中间有一个 0 或连续几个 0，只需读 1 个 0，每级末尾的 0 不必读出来；在写数时，中间或末尾哪一位上一个计数单位也没有，就在那一位写 0。

还有数的整除定义，因数和倍数的概念，能分别被 2、3、5 整除的数有哪些特征，什么是质数，什么是合数，100 以内的质数有哪些，一个数如何进行分解质因数，怎样找出两个数的最大公因数和最小公倍数，什么是奇数，什么是偶数，为什么在研究因数和倍数时把 0 放在一边不研究，如何用有关因数和倍数的知识解决生活中的问题，等等。

小朋友，淘气的这种自主整理与复习的方法，你学会了吗？赶快动起手来吧！把你这段时间所学的知识或这个学期所学的知识，进行一个全面的、系统的梳理和复习。相信整理复习完以后，你会发现自己又取得了新的收获。

数学家的故事

小朋友，你听说过瑞士著名的数学家欧拉吗？他出生于 1707 年，他的全名叫莱昂哈德·欧拉（Leonhard Euler）。

欧拉小时候就特别喜欢数学，不满 10 岁就开始自学《代数学》。这本书连他的几位老师都没读过，可欧拉却读得津津有味，遇到不懂的地方，就用笔做个记号，然后再向别人请教。13 岁时，他就进入巴塞尔大学读书，轰动了当时的数学界。由于欧拉的异常勤奋，两年后的夏天，他获得了巴塞尔大学的学士学位。次年，欧拉又获得了巴塞尔大学的哲学硕士学位。

1725 年，欧拉开始了他的数学研究生涯。此后 30 余年间，他有很多数学专著相继问世。这期间，由于过度劳累，他的双目先后失明了，但欧拉是一个十分坚强的人，他没有放弃对数学的研究。在他晚年时,一场突如其来的大火几乎烧掉了他全部的著作,而他凭着过人的记忆力,采用自己口述、孩子和助手进行笔录的方式,在失火后的十几年间,完成了大量论文,并修订了自己的数学专著。

1783年9月18日下午,欧拉为了庆祝自己计算气球上升定律的成功,请朋友们吃饭。那时天王星刚发现不久,欧拉写出了计算天王星轨道的要领,还和他的儿孙们逗笑。喝完茶后,欧拉突然疾病发作,烟斗从手中落下,临终时他还喃喃地说:"我要死了。"直到这时,欧拉才终于"停止了生命和计算"。

欧拉的一生,是为数学发展努力奋斗的一生,他那杰出的智慧、顽强的毅力、孜孜不倦的奋斗精神和高尚的科学道德,永远值得我们学习。

1.2 自主编撰

小朋友,相信你看过上一节的内容后,已经学会了自己独立思考、自主整理和复习所学的知识。在你们学会自主整理和复习的基础上,我想再来教大家一招,那就是自主编撰。我们学习的数学知识都具有严密的系统性和逻辑性,在整理和复习时,我们要看到每一个知识点与邻近知识点之间都是纵向发展、横向联系的。当把这些知识复习完以后,我们可以采用自己独立编撰的形式,来检查对知识的掌握情况。

可能有的同学会问,什么是自主编撰?这里说的自主编撰就是自己根据所复习的内容编写出题目,并检查一下自己会不会解决这些问题。比如,对于计算中的简算,我们可以自己编几道题,检验一下自己对简算的掌握情况。例如:$4.5 \times 2.3 + 5.5 \times 2.3$,$9 \times 5.6 \times 1.25$,$\frac{2}{3} \times \frac{4}{9} + \frac{2}{3} \times \frac{5}{9}$,等等。如果你能像这样编撰这一类能进行简算的试题出来，那么可以准确地说，你的简算知识就算是过关了。

下面我们就以"空间与图形"中的长方形与正方形知识点为例，来谈谈应该如何编撰。笑笑把长方形与正方形这部分知识进行系统整理和复习后，自己独立编撰了如下的试题。

1. 有一个长方形镜框，长为24厘米，宽是长的 $\frac{1}{3}$，要在这个镜框周围安上花边，并安装上玻璃，请你来算算花边长和这块玻璃有多大。（提示：这里的花边长是指长方形的周长，玻璃大小是指长方形的面积。）

2. 张大爷家有一块长方形田地，田地周长是280米，长是宽的3倍，这块地每平方米收稻谷1.2千克，张大爷家这块地一共可以收稻谷多少吨？

3. 一个长方形长80厘米，宽60厘米，把它剪成一个最大的正方形和一个长方形，它们的周长分别是多少厘米？剪成的正方形和长方形的面积分别是多少？

4. 在一个周长为40米的正方形田地内，建一个最大的圆形花坛，这个花坛的面积是多少？

我们一起来思考一下笑笑是怎么解决这四个问题的。

第一题，计算花边长，就是求这个长方形的周长；算安装的这块玻璃有多大，那就是求这块玻璃的面积。算式如下。

花边长：$(24+24\times\frac{1}{3})\times 2=32\times 2=64$（厘米）

玻璃的面积：$24\times(24\times\frac{1}{3})=24\times 8=192$（平方厘米）

第二题我们可以这样想：必须先算出张大爷家这块田地的面积，之后才能算出这块地可以收多少稻谷。在本题中，长方形的长和宽都没有直接给出，我们必须先通过周长及长和宽之间的关系，算出长方形的长和宽各是多少，因此本题还要用到"和倍问题"的解决方法来求出长和宽。

由此，我们可以这样来算长和宽，列式是：

宽：280÷2÷（3+1）

　　=140÷4

　　=35（米）

长：35×3=105（米）

稻谷数量：1.2×105×35

　　　　　=4410（千克）

　　　　　=4.41（吨）

第三题是一道求长方形和正方形周长、面积计算的题，只不过它稍复杂了一点，没有直接给出要求的长方形的长和宽，也没有直接给出正方形的边长，所以我们要先求这个最大正方形的边长，之后才能得出剩下那个长方形的长和宽。经过分析后可以得出，这个最大正方形就是以原长方形的宽为边长的正方形，因此可算出最大正方形的周长和面积分别是：

周长：60×4=240（厘米）

面积：60×60=3600（平方厘米）

原长方形的长去掉宽的长度以后，得出新长方形的宽，而新长方形的长则是原长方形的宽，由此得出新长方形的周长和面积分别是：

宽：80-60=20（厘米）

周长：（60+20）×2=160（厘米）

面积：60×20=1200（平方厘米）

第四题是告诉我们正方形田地的周长，这道题实际上是要求出正方形田地内最大圆形花坛的面积，但要求出这个花坛的面积，就必须先求出花坛的直径或半径，它的直径又与这个正方形的边长有关。因

此，我们必须求出这个正方形的边长。

边长：40÷4=10（米）

半径：10÷2=5（米）

圆的面积：3.14×5×5=78.5（平方米）

小朋友们，这四道题都是在复习过长方形、正方形这部分知识以后，笑笑独立编撰出来的。从上面这四道题的解题过程中，我们可以看到，它们不仅涵盖了长方形和正方形周长的知识，还涵盖了面积的知识以及圆的面积的计算方法，同时也帮助我们复习了单位间的换算。这种自主编撰的复习方法，可以让我们把前后知识进行一个大串联，把前面复习过的知识在后面又进行一个跟进练习。特别是在复习解决问题这部分内容时，使用该方法能把各种类型的应用题进行混合，编写出不同类型的题，由易到难编出有一定梯度的题目，这样不仅复习了以前的知识，还可以把前后知识进行综合应用。如此复习下去，我想对于每位学生来说应该都是收效良多。

当然，我在这里提倡大家学会自主编撰只是一种学习方法，它对于成绩优秀的孩子来说肯定见效更快。我们虽然提倡自主编撰，也不是说就不需要做题了，而是可以适当地做一些有针对性的练习题，在做题练习的基础上进行编撰，更有助于大家对知识进行整理和复习。这种编撰法适用于不同程度的学生：基础好的拔尖生可以编撰出难度稍大一点的题目进行练习，基础稍差的学生可以编撰出一些基础性题目进行练习。这样根据自己的能力编撰题目，可以让大家在日常的学习中取得一定的效果。

同学们，这种方法你们也学会了吧！那就请你们向笑笑学习，把你们学过的知识也进行自主编撰吧，相信你们编出的题目肯定能体现出你们的水平和能力。

汽车过桥

动物车队拉了满满一车货来给动物园配货，前面是熊经理的小汽车在带路。走着走着，突然熊经理的小汽车出了故障，这可怎么办呀，前不巴村后不着店的，这下可急坏了熊经理。突然驾驶员小笨狗想出了一个好主意，让大货车拉着小汽车走吧。就这样，大货车拉着小汽车缓缓地行驶在大马路上。忽然前面出现了一座大桥，桥头有个十分醒目的告示牌：最大载重量32吨。

这可怎么办呢？熊经理合计了一下，大货车连同货物共30吨，而小汽车的质量是10吨，合起来肯定超出32吨了。熊经理急得在两辆车之间转来转去，想不出好办法来。这时桥头站着的一位老爷爷，手捋着白胡子，笑呵呵地说："我有办法让你们成功过桥。"

说着，他就走到小笨狗面前，耳语了几句。小笨狗点点头，很快把小汽车拉过去了。小朋友，你知道老爷爷是怎么说的吗？

答案： 找一条超过大桥长度的绳索，等大货车过桥后，小汽车再开始上桥，这样就能顺利地过桥了。

1.3 自主检测

小朋友，什么是自主检测呢？自主检测就是你根据某一段时间所学的知识，自己进行编题，来检查你对这些知识的掌握程度，包括你学会了哪些内容，还有哪些你不明白的内容。当然，检测的题目可以是你自己编撰的，可以是别的同学编写的，也可以是通过其他途径得来的。无论是什么题目，你都要学会自己去检测，这对于提高你的学习成绩十分有用。下面,我们一起去看看小浣熊是怎么进行自主检测的。

小浣熊的自测题

今天小浣熊特别高兴,因为它学会了 5 个运算定律。而且,在这之后,大象老师让每个小动物自己命题并进行检测,小浣熊的检测成绩为满分,你说它能不高兴吗?现在让我们一起去看看小浣熊做的题目吧!

写出你学过的运算定律并举出一个例子,再把它计算出来。

加法的交换律是:

$a+b=b+a$

$45+27+55=45+55+27=100+27=127$

加法的结合律是:

$a+b+c=a+(b+c)$

$18+64+36=18+(64+36)=18+100=118$

乘法的交换律是:

$a\times b=b\times a$

$2\times 25=25\times 2=50$

乘法的结合律是:

$a\times b\times c=a\times(b\times c)$

$63\times 125\times 8=63\times(125\times 8)=63\times 1000=63000$

乘法的分配律是:

$(a+b)\times c=a\times c+b\times c$

$(\frac{5}{12}+\frac{1}{6}+\frac{3}{4})\times 12=\frac{5}{12}\times 12+\frac{1}{6}\times 12+\frac{3}{4}\times 12=5+2+9=16$

101×17=(100+1)×17=100×17+1×17=1700+17=1717
38×25=(40-2)×25=40×25-2×25=1000-50=950

你瞧！小浣熊把每一种运算定律写得多完整呀，而且在编题过程中的计算完全正确。特别是最后一个乘法的分配律，它不仅写出了整数的乘法分配律，还写出了分数的乘法分配律，还把几种延伸的题目都编出来了，大象老师当然要给它满分的好成绩喽！

小朋友，你学会小浣熊的这种自主检测的方法了吗？你可以用这种方法把你学过的知识也检测一下，和小浣熊比一比，看你能不能也取得满分的好成绩！

错误的页码

有一本图书由于装订上出现错误，它的中间连续少了10页，明明计算出了这10页的所有页码之和是345。小朋友，你说明明算得对吗？为什么？

答案： 明明算得不对，我们可以列出方程来解决。

假设这10页中第一页页码为x，那么其余页码依次为x+1、x+2、x+3、x+4、x+5、x+6、x+7、x+8、x+9。由它们的和是345，可得10x+45=345，算出x=30，也就是说，这10页中的第一页页码为30。再想想平常我们装订书本时，书的第一页都为奇数页，第二页才为偶数页，而这里算出来第一页页码为30，是偶数，所以明明的计算是错误的。

第 2 章　计算中的小窍门

小朋友，你还记得吗？从你刚刚能认识数或学会数数时，爸爸妈妈就开始教你计算。也许那时你觉得计算太难了，掰着手指头算啊算，可不知道怎么回事，会经常算错。特别是踏进学校的大门后，常常因为你的粗心大意，在计算上出问题，结果考试成绩与满分无缘。也许因为没有满分，你曾被父母责怪过；也许因为没有满分，你曾被父母斥问过；也许因为没有满分，你曾被敲过脑袋。但这一切都已过去，希望你从今天开始，看过我告诉你的"计算中的小窍门"后，永远不再在考场留下任何遗憾！相信你读了这一章的内容后，在今后的学习中遇到计算时，会选择更合适的计算方法；希望你能把这些计算方法全部掌握，让自己成为计算高手。

2.1　整数中的巧算

小动物巧算除法

今天的数学课上，大象老师给小动物们准备了一道除法的计算题：360÷12，看上去很简单。大象老师让小动物们进行组内合作，用不同的计算方法来完成。小动物们一听要通过小组合作来完成，都乐坏了。大家自由组合在一起，开始研究、讨论。

不一会儿，小狗组汇报了它们的算法：

$360 \div 12$

$= 360 \div (6 \times 2)$

$= 360 \div 6 \div 2$

$= 60 \div 2$

$= 30$

这时小兔组也举手发言了,"我们组的解法跟它们的不一样。"大象老师一听,很感兴趣地说:"那你们赶快说说看!"小兔组汇报的算法是:

$360 \div 12$

$= 360 \div (4 \times 3)$

$= 360 \div 4 \div 3$

$= 90 \div 3$

$= 30$

只见猫头鹰组早已高高地举起了小手,我们去听听它们的算法吧:

$360 \div 12$

$= (360 \div 6) \div (12 \div 6)$

$= 60 \div 2$

$= 30$

梅花鹿组的代表也举手发言:"我们的计算方法跟它们都不一样。"

$360 \div 12$

$= (360 \div 4) \div (12 \div 4)$

$= 90 \div 3$

$= 30$

最后小笨猪也慢腾腾地说:"我的算法跟它们都不一样,我觉得我的最简单了。"大象老师一听,说:"大家请仔细听好小笨猪的发言。"

$360 \div 12$

　　$= (240+120) \div 12$

　　$= 240 \div 12 + 120 \div 12$

　　$= 20 + 10$

　　$= 30$

最后，大象老师表扬了小笨猪，夸它今天动了脑筋，进行了认真思考。大象老师说："同学们今天表现得都不错，不一会儿就有了那么多种不同的算法。"小朋友，这些方法你想到了吗？除了上面这些不同的算法以外，你还有其他算法吗？

小朋友们，下面请你们也来小试一下吧，看看谁的算法最多，计算速度又快。

　　$540 \div 18$

　　$480 \div 16$

小白兔请客中的简便计算

春节到啦！小白兔请它的好朋友们到家里做客，并给它们发了红包，鼠哥哥拿到54元，猴哥哥拿到47元，狗弟弟拿到43元，猪弟弟拿到36元。你能算出小白兔一共发了多少元的红包吗？这道题的算式很简单，只要把四个数加起来就可以了。列式是：54+47+43+36。

在计算时，如果我们按顺序依次相加，这样计算起来就比较麻烦，有时还会出错。像这种连续几个数连加的情况，我们先观察一下各个数后就会发现：鼠哥哥和猪弟弟的钱数加起来正好是90，猴哥哥和狗弟弟的钱数加起来也正好是90，90+90=180。

小朋友，在整数的计算中，我们可以用"凑整法"。如果两个数

的和恰好能凑成整十、整百、整千、整万等，我们就把这两个数结合在一起，使计算变得简单明了。

小白兔在春节期间不仅送出了红包，还招待了很多客人。小白兔家今年的收成非常好，它家共收了123根胡萝卜，招待客人吃了77根，小白兔家还剩多少根胡萝卜？

小朋友们一看就知道，这道题肯定是用123-77，在减的过程中，我们可以把减77看作减100，然后再把多减的23在后面加上，这样就使计算变得简单了。

$$123-77$$
$$=123-100+23$$
$$=23+23$$
$$=46$$

小白兔还想请朋友们帮一个忙，虎大哥在春节前拉了一车白菜送给它，上面写着一共有（25×125×32）棵。小白兔到现在也没有算出有多少棵，你们能很快算出来吗？小白兔的朋友们有的在思考，有的在计算，这时，猪弟弟很快说出了答案。我们一起去看看猪弟弟的计算过程：

$$25 \times 125 \times 32$$
$$=25 \times 125 \times 8 \times 4$$
$$=(25 \times 4) \times (125 \times 8)$$
$$=100 \times 1000$$
$$=100000$$

看了猪弟弟的计算，我们明白了：32可以分成8×4，25和4相乘是100，125和8相乘是1000，100乘1000是100000。

小朋友，数学的学习离不开计算，我们在计算的过程中，根据算式中各个数的特点,找到巧妙的计算方法,会使你的计算又对又快呦!相信你们都将成为计算高手!

小朋友,你会用刚刚学习的巧算方法,巧算下面几道题吗?

1. 356-45-55-56

答案: 200。

解题思路:可以分解为(356-56)-(45+55)=300-100=200。

2. 1+2+3+4+5+6+……+100

答案: 5050。

解题思路:可以分解为(1+99)+(2+98)+(3+97)+……+50+100=100×49+50+100=4900+150=5050。

3. 30000÷125÷8

答案: 30。

解题思路:可以分解为30000÷(125×8)=30000÷1000=30。

三角形高里的秘密

同学们,在对"空间与图形"这部分知识的学习过程中,我们学会了画任意一个三角形的高。在学习这部分知识时,有很多同学害怕画高,画高时经常随意画一条线段。现在,我来告诉大家一个画高的小窍门。

在画三角形的高时,里面到底隐藏着哪些小秘密呢?下面我们一起去揭开这些秘密吧。

秘密一：画高时你首先要弄清你所画的高是在三角形的哪条边上，是哪条边上的高就要从那条边相对的顶点向它作垂线。一定要注意，高是一一对应的关系，千万不能乱画。

秘密二：在画高的时候，我们通常使用的工具是三角板，借助三角板的两条直角边来画。你可千万不能拿着三角板的斜边，凭借眼力来画，那样你画出来的肯定就不是三角形的高了。因此，我们画高时一定要把三角板的一条直角边与所画高的那条边重合，另一条直角边通过对应的顶点。沿着三角板的边画出一条虚线，然后不要忘记在与边的交点处画上垂直符号。

秘密三：当画锐角三角形的高时，我们很容易看到有三条高。而当给我们的是直角三角形或钝角三角形时，有的同学就会误认为它们只有一条高，这种理解是错误的。在直角三角形中，除了斜边上的高我们画时能看得见，另外两条直角边上的高都是与直角边重合的，所以我们是看不见的。而钝角三角形的两条高在三角形的外面，也就是垂足在三角形边的延长线上。

小朋友，你听明白了吗？看完这些知识后，你可一定要学会作图哟！学好了，对于你今后初高中的学习都大有裨益。

2.2 分数与小数中的巧算

小朋友们，在前面我们学会了整数的巧算，接下来我要给大家介绍一种小数与分数的巧算。嘿嘿，你只要把前面的学会了，这部分内容你肯定能学得更棒！

巧算门票钱

星期天动物园要举行一场动物表演,我们的好朋友淘气跟着爸爸、妈妈,一大早就来到了动物园门口,大门上写着:票价是($2.5 \times 18 - \frac{1}{4} \times 80 + 250 \times 0.1$)元,爸爸、妈妈一看,这么麻烦呀!怎么算呢?淘气拍拍胸脯,自信地说:"这是我刚学过的计算题,像这样的题目,可以根据算式的特点,把$\frac{1}{4}$化成0.25,然后运用运算定律,计算起来就比较容易啦!"

$2.5 \times 18 - \frac{1}{4} \times 80 + 250 \times 0.1$

$= 2.5 \times 18 - 0.25 \times 80 + 250 \times 0.1$

$= 2.5 \times 18 - 2.5 \times 8 + 25 \times 1$

$= 2.5 \times (18 - 8) + 25$

$= 2.5 \times 10 + 25$

$= 50$

爸爸、妈妈看到淘气很快就算出了门票钱,特别高兴。成功买好三张票后,一家人顺利地进入了动物园。动物园里可热闹了,因为动物表演马上要开始了!一只小猴子举着一块牌子出场了,牌子上写着:

本人不慎摔掉了一颗牙,园长带我去医院镶了一颗金牙,一共花了($99\frac{99}{100} \times 99 + 99.99$)元。你们看,我还能称得上是美猴王吧!观众朋友们,请你们算一算,我这颗金牙要花多少钱?答对有奖哟!

台下的观众鸦雀无声,大家你看看我,我看看你,都觉得无法计算。唯独淘气走到台前,拿起话筒大声说:"这颗金牙真贵,差1元就是1万元了。"咦!淘气怎么算得这么快呢?原来淘气用了简便运算。别看这道题给的数字看上去比较复杂,如果正确运用了乘法分配律,还是很简单的,立刻就能算出结果。这道题的解题步骤如下:

$$99\frac{99}{100} \times 99 + 99.99$$
$$= 99.99 \times 99 + 99.99$$
$$= 99.99 \times (99+1)$$
$$= 99.99 \times 100$$
$$= 9999$$

淘气用自己的聪明才智领到了奖品，赢得了所有观众的热烈掌声和喝彩声。主持人对淘气说："如果你能答对下面这道题，今天的大奖就归你了。"请看：

$$\frac{1}{20} + \frac{1}{30} + \frac{1}{42} + \frac{1}{56}$$

这道题要不要先通分再计算？观众们在下面小声地议论着。这时，淘气说话了："像这样的题目应该通过拆分来计算，就可以化难为易了。"我们看看淘气的解题思路：

$$\frac{1}{20} + \frac{1}{30} + \frac{1}{42} + \frac{1}{56}$$
$$= \frac{1}{4 \times 5} + \frac{1}{5 \times 6} + \frac{1}{6 \times 7} + \frac{1}{7 \times 8}$$
$$= \frac{1}{4} - \frac{1}{5} + \frac{1}{5} - \frac{1}{6} + \frac{1}{6} - \frac{1}{7} + \frac{1}{7} - \frac{1}{8}$$
$$= \frac{1}{4} - \frac{1}{8}$$
$$= \frac{1}{8}$$

大奖归淘气了，观众们都竖起了大拇指，主持人要淘气谈谈获奖感言。淘气很谦虚地说："我只是掌握了一些运算技巧，所以计算速度才能这么快。"

同学们，分数与小数的计算，在计算的过程中，我们要掌握基本方法和技巧，根据不同的题目选择不同的方法。我们可以把整数的运算定律扩展到分数与小数的计算中，同时还要讲究特殊的运算技巧，这样就能使计算更加简便。平时我们要适当地多做些练习,在练习过程中勤于思考,总结计算方法,提高计算能力。

 试一试

小朋友,请你用刚才学过的方法,试着计算下面这两道题。

1. $18 \times \dfrac{3}{7} + 0.65 \times \dfrac{8}{13} - \dfrac{2}{7} \times 18 + \dfrac{5}{13} \div 1\dfrac{7}{13}$

答案: $3\dfrac{31}{140}$。

解题思路:$18 \times \dfrac{3}{7} + 0.65 \times \dfrac{8}{13} - \dfrac{2}{7} \times 18 + \dfrac{5}{13} \div 1\dfrac{7}{13}$

$= 18 \times \dfrac{3}{7} + \dfrac{13}{20} \times \dfrac{8}{13} - \dfrac{2}{7} \times 18 + \dfrac{5}{13} \times \dfrac{13}{20}$

$= 18 \times (\dfrac{3}{7} - \dfrac{2}{7}) + \dfrac{13}{20} \times (\dfrac{8}{13} + \dfrac{5}{13})$

$= \dfrac{18}{7} + \dfrac{13}{20}$

$= 3\dfrac{31}{140}$

2. $2010\dfrac{2010}{2011} \div 2010$

答案: $1\dfrac{1}{2011}$。

解题思路:$2010\dfrac{2010}{2011} \div 2010$

$= 2010\dfrac{2010}{2011} \times \dfrac{1}{2010}$

$= (2010 + \dfrac{2010}{2011}) \times \dfrac{1}{2010}$

$= 2010 \times \dfrac{1}{2010} + \dfrac{2010}{2011} \times \dfrac{1}{2010}$

$= 1 + \dfrac{1}{2011} = 1\dfrac{1}{2011}$

鸡蛋到底有多少

一家餐厅的厨师中午准备拿一些鸡蛋做菜,当他把全部鸡蛋打碎,准备炒菜时,老板正好过来,就问厨师:"你总共打碎了多少个鸡蛋?"厨师回忆了一下刚才打鸡蛋的过程,说:"我只记得鸡蛋一对一对地放在一起时,最后还会剩下 1 个;当我把鸡蛋分成每 4 个、5 个、6 个或 9 个一盘时,最后都会剩下 3 个;当我把鸡蛋分成每 11 个一盘时,最后鸡蛋被全部分完,一个都不剩了。"老板听完后想了想,笑眯眯地对厨师说:"那我知道鸡蛋总共有多少个了。"

小朋友,你知道餐厅老板是怎么算出来的吗?鸡蛋总共有多少个呢?

答案: 根据题目我们可以知道,要求的这个数能被 11 整除,但用 2 来除时只余 1,而用 4、5、6、9 来除时,则余 3。所以这个数减去 3 后,应该是 4、5、6、9 的公倍数。我们就先找 4、5、6、9 的公倍数,而这几个数的最小公倍数是 180,然后把 180 扩大倍数来找。使用的方法是尝试法和验证法,最后得到鸡蛋的总数是 363 个。

2.3 复杂的巧算

熟能生巧

在日常的学习中,我们经常会遇到非常复杂又不好计算的题目,这些题目有时会令我们感到无从下手,甚至花掉很多时间还是百思不得其解。其实,我们在遇到复杂的题目时千万不要紧张,这里面悄悄藏着一些计算的小诀窍呢!比如:

1654−(54+78)

2937−403−297

像上面这两道题，我们只要改变一下运算顺序，就可以把它们变得简单了。对于1654−(54+78)，我们可以去掉括号，得到1654−54−78，使计算简便。不过，去括号时可千万要记住，如果括号外面的是"−"（减号），一定要把括号里面的符号进行改变，也就是减要变加，加要变减。

2937−403−297这道题里，后面减掉的两个数加起来正好是整百数，所以我们可以用添括号的方法使计算变得简便，即2937−(403+297)。这种方法跟去括号的方法是一样的，千万不要忘记在添上括号时，若括号外面是"−"（减号），就要把括号里面的符号进行改变，改变的方法也是减要变加，加要变减。

下面这道题目看上去有点儿复杂，我们一起去探索一下它的巧算方法吧！

(44332−443.32)÷(88664−886.64)

这道题很复杂，数也挺大。你要是按照运算顺序依次计算，确实有一定的难度。我们看题目中的数：88664是44332的2倍，886.64是443.32的2倍，那么我们就可以把(88664−886.64)写成(44332−443.32)×2，这样计算就简单多了。具体计算过程如下：

(44332−443.32)÷(88664−886.64)

=(44332−443.32)÷[(44332−443.32)×2]

=(44332−443.32)÷(44332−443.32)÷2

（这一步去中括号时可别忘记"×"变"÷"啊）

=1÷2

=$\frac{1}{2}$

小朋友，你看这道复杂的题目经过我们这么一转化，是不是立刻变得很简单了呢？别急！下面还有更复杂的呢！请看题：

$$\frac{183+571\times 487}{488\times 571-388}$$

你瞧！这道题够复杂了吧，但我们认真观察就会发现：分子里有 571×487，分母里有 488×571，我们可以把 488×571 写成 $487\times 571+571$，这样不需要通过大量的计算，发现分子和分母相等，很快就能得出答案，并感受到计算的趣味性。下面，我们看看这一道题的计算过程：

$$\frac{183+571\times 487}{488\times 571-388}$$
$$=\frac{183+571\times 487}{487\times 571+571-388}$$
$$=\frac{183+571\times 487}{487\times 571+183}$$
$$=1$$

小朋友，上面这些方法你学会了吗？数学计算题中有许多复杂的题目，我们要善于观察，勤于思考，对题目进行灵活处理，使计算准确、简便、迅速。在平时的学习过程中，你要多练习，多总结。只有这样，才能做到熟能生巧。下面，我们就用刚才学过的方法来小试一下身手吧！

下面这道题你会计算吗？

（1+3+5+…+1999）-（2+4+6+…+1998）

答案：1000。

解题思路：我们观察一下这道题就能发现，1+1999=2000，2+1998=2000，3+1997=2000，4+1996=2000……按照这个思路，这道题最后的答案就是 1000。

2.4 口算中的小技巧

智慧老人的口算题

虹猫和蓝兔是一对好朋友，它们 6 岁时经常玩凑成 100 的游戏：虹猫说 28，蓝兔就说 72；虹猫说 64，蓝兔就说 36……玩着玩着，100 以内加减法的口算就难不住它们了。7 岁时，它们的游戏升级了，能够利用乘法口诀计算简单的乘除法了，如 4×9=36，40÷8=5 等。

时间过得真快！现在它们已经是小学六年级的学生了，口算的能力可强啦！一天，它们走进数学王国里，智慧老爷爷要考考它们，它俩一听乐坏了，笑着说："爷爷，您想难住我们可没有那么容易。"智慧老爷爷乐呵呵地说："好呀，那现在就来试一试吧！"说话间，智慧老爷爷的题目来了。

286+198

虹猫说："可以把 198 看作 200，多加了 2 再减去 2，应该是 286+200-2=484。"瞧！它算得多快呀，不仅说出了结果，而且还把计算的过程都说得清清楚楚。

51×25

这一回轮到蓝兔了，只见蓝兔不慌不忙地说："我们可以先算 50×25=1250，少算 1 个 25 再加上 25，所以 51×25=1275。"

"哈哈！又没有难住你们。"智慧老爷爷笑着说。紧接着下一道题又出来了。

0.25×40

虹猫说："可以把 0.25×40 看作 25×40，等于 1000，乘数中有两位小数，在积里直接去掉 2 个 0，结果是 10。"

智慧老爷爷点点头，接着说："下面有这样一道题，请听好：小明有 55 元，小红有 75 元，他俩平均每人有多少元？小红拿出多少元给小明，两人的钱就一样多了？"

虹猫抢着说："他们一共有 130 元，平均每人有 130÷2=65（元），小红有 75 元，比平均数多 10 元，所以小红拿出 10 元给小明，两人的钱就一样多了。"

蓝兔接着说："我是这样想的，根本不需要算他们的总钱数，因为小明有 55 元，小红有 75 元，他们相差了 20 元，把这 20 元平均分给两人，小明就有 65 元，小红也有 65 元。所以我们一眼就能看出小红拿出 10 元给小明，两人的钱就一样多了，这样更简单呢！"

智慧老爷爷听了两个孩子的回答，笑呵呵地说："孩子们，你们的想法都是正确的。你们口算能力都很强，而且解题的思路也十分清晰准确。但是要小心，下面这道题可有难度啦！"

$(1+\frac{1}{2})×(1+\frac{1}{3})×(1+\frac{1}{4})×\cdots×(1+\frac{1}{100})$

虹猫和蓝兔看到题目后，立马靠在一起，嘴里小声嘀咕起来。虹猫说："$1+\frac{1}{2}=\frac{3}{2}$，$1+\frac{1}{3}=\frac{4}{3}$……"蓝兔说："$1+\frac{1}{100}=\frac{101}{100}$，整个算式的分子和分母可以约分。"经过思考，它们异口同声地说："约分后是 $\frac{101}{2}$，也就是 50.5。"

智慧老爷爷对他们竖起了大拇指，嘴里夸赞着："厉害！厉害！"智慧老爷爷对它们的表现特别满意，给它们每人发了一枚奖牌，授予他们"口算大王"的称号。

小朋友,想要提高计算能力,必须要从口算开始。我们要向虹猫和蓝兔一样,平时多做口算练习,多进行口算训练。在训练中要注意动脑思考,掌握口算的技巧,培养自己的思维能力和良好的数感。相信在不久的将来,你也一定会成为"口算大王"!

你学会虹猫和蓝兔的口算方法了吗?请你也来试一试吧!

试一试

口算:

1. 526−299

答案: 227。

2. 0.25×80−10×0.05

答案: 19.5。

3. $(1-\frac{1}{2})×(1-\frac{1}{3})×(1-\frac{1}{4})×\cdots×(1-\frac{1}{100})$

答案: $\frac{1}{100}$。

脑筋急转弯:

1. 为什么红红和灰灰初次见面,红红就说灰灰是喝牛奶长大的?

2. 如果诸葛亮还活着,世界现在会有什么不同?

3. 把一只鸡和一只鹅放进冰箱里,结果鸡冻死了,鹅却活着,为什么?

答案:

1. 灰灰是牛。

2. 多了一个人。

3. 这只鹅是企鹅。

2.5 笔算中的口算

小朋友，在学过笔算中的脱式计算后，你有没有发现，在这些笔算的计算中也有很多的巧算呢？并且在这些数中，有几对数永远是"铁哥们儿"，你知道它们都是谁吗？下面就让我们一起去看看吧！

哟！我们正说着话，它们就一起过来了，25×4=100，原来这个25最喜欢找4啦，它说："我不算什么，还有我大哥呢！它更厉害，不信你们瞧。"125×8=1000，啊！原来是125和8这一对儿。

小朋友，这两对"铁哥们儿"你可不能忽视哟，在脱式计算中它们可以帮你大忙呢。有时都不需要笔算，直接口算就可以把得数算出来了。

【例1】48×125
=6×8×125=6×(8×125)=6×1000=6000

你看这样算多简便，我们直接帮125找到它的好朋友8，再运用我们学过的乘法结合律，把后两个数结合先算，口算就能算出结果了。可能有的同学会有疑问，这种方法在除法中能用吗？这里我肯定地告诉你，这种方法在除法中也同样适用。不信咱们就一起去看看吧！

1296÷48=1296÷(12×4)=1296÷12÷4=108÷4=27。这种算法很简单，如果我们不用这种方法，就只能使用那种十分麻烦的竖式了。其实这里用到的是，从乘法的结合律延伸出来的除法的一条性质：a÷b÷c=a÷(b×c)。

与上面的情况不同，有的算式不需要我们做拆分，而是需要我们根据情况进行合并，比如下面这道题。

【例2】25×64×125=25×8×8×125=(25×8)×(8×125)=200×1000=200000

像这样连乘的算式，如果能进行简便计算，我们就不需要按顺序进行计算，那样很麻烦，还容易出错。这里我们使用的是先拆分再结合的方法，直接就可以口算出答案了。

我们也可以把乘法的简算延伸到除法算式里，对一些连除的计算题很有用。我们可以将其先进行结合，然后再计算。

【例3】9800÷4÷25
=9800÷(4×25)=9800÷100=98

我们拿到题目，一看有4和25这一对"铁哥们儿"，于是我们就想到，如果它们能相乘该多好啊。现在机会来了，如果我们想把4和25先放一起，就需要把它们相乘，之后直接计算就行了。这种方法多快呀，不用竖式就能准确地算出结果来。

上面这几种方法你都学会了吗？赶紧来小试一下身手吧！

不用竖式，你能计算出下面各题的答案吗？

1. 3360÷32

答案： 105。

2. 625÷25

答案： 25。

3. 3.2×0.25×1.25

答案： 1。

4. 6200÷0.8÷125

答案： 62。

精确度由谁来确定

同学们，我们学过小数以后，对小数的意义和读写法都有了一定的了解，但你们是否知道两个大小相同的小数，谁的精确度更高呢？比如，近似数 3.0 和近似数 3.00 相比，哪个精确度更高？

要想知道谁的精确度更高，首先我们要思考它们的取值范围。近似数 3.0 的取值范围应该在"2.95 和 3.05"之间（含 2.95，不含 3.05），近似数 3.00 的取值范围在"2.995 和 3.005"之间（含 2.995，不含 3.005）。我们如果把它们的取值范围放在数轴上表示的话，就能更清晰地看到 3.0 的取值范围要比 3.00 的取值范围大得多。所以，取值范围越小的数就越精确。也就是说，3.00 的精确度比 3.0 要高。

由此，我们可以得出一个结论：小数的小数位数越多，它的精确度就越高。

2.6 笔算中的估算

估算少不了

小朋友，在生活中存在着大量的数学信息，需要我们通过"估一估""算一算"来解决。在解决问题时，估算是数学计算中很重要的一部分内容。下面是几个同学在计算中出现的错误，我们一起利用估算，去看看他们错在了什么地方。

【例1】7.3×5.4=34.42

这道题我们不需要笔算，只要估算一下，就能判断结果是对还是错。我们根据两个小数的个位上 7×5=35，从而估算出 7.3×5.4 的积肯定大于 35。这就是我们常用的"取整估算法"，把数量看成比较接近的整数进行估算。

此外还有另一种估算方法。比如，在估算 296+403 时，我们可以把 296 看成 300。我们把这种方法叫作"大估"，最后可以把上面的算式估算为 300+400=700，也就是 296+403 ≈ 700。

我们在估算时，要根据数的大小情况灵活运用不同的估算方法。有时需要我们进行"大估"，有时需要我们进行"小估"，有时需要我们进行"中估"，这些都要根据具体的算式来确定。比如，392÷4 这道题，我们就要进行"大估"，把 392 看成 400，才能使计算方便；284÷7，我们就要进行"小估"，把 284 看成 280；378÷5，我们需要采用"中估"的方法，因为除数是 5，所以 375÷5 的商最接近准确值。

像下面这种估算，主要是凭借生活经验和感受来判断的。

【例2】在一次数学质量检测中，某班有 58 人参加，其中 54 人考试及格，请同学们算出这个班的及格率。

这时班上一位急性子的同学，计算后大声说："及格率是107%"，惹得全班同学哄堂大笑。这种问题我们可以根据生活经验估算，像合格率、出勤率、发芽率、成活率，等等，如果计算的结果超出 100%，肯定是错误的。我们再举几例。

【例3】985+265-282=998

我们观察上面的算式可以发现，减去的数比加上的数大，所以得数应该小于 985，显然这道题的计算结果是错的。再如，315-112+136=310，减去的数比加上的数小，我们就能判断其结果肯定大于315。像这些都是估算中的小技巧，我们只要仔细观察，稍动脑筋，就会发现其中存在的问题。

【例4】 4599÷24=56

我们看除数是两位数，计算时先看被除数的前两位，前两位够除了，商的最高位应在百位上，所以商应该是三位数，计算结果是"56"肯定不对。这种情况下，就需要我们对口算和笔算的除法应用很熟，才能一眼看出来。再如，76853÷952，我们可以估算出商肯定是两位数，因为前三位不够除，商的最高位必须商在从最高位数的第四位上，所以我们就能判断出商肯定是两位数。

【例5】 4824÷24=21

小朋友在计算时，很容易漏掉商中间的0，如果先估算一下，4800÷24=200，所以4824÷24的商肯定比200大，这样商中间的0就不会丢了。再如，4656÷6，商的最高位是7，否则就算错了。4.56×17.3，积的末位应当是8，否则也有问题。因此估算需要我们平时多注意观察思考，做学习上的有心人，长此下去，我们的脑袋也会变得越来越聪明。

小朋友，通过以上例子，我们知道了估算在计算时起着重要作用，可以更好地为笔算服务。我们通过估算的方法，来判断计算结果是否正确，以此减少不必要的失误。

1. 一个汽车收费站，昨天通过了897辆车，每辆车收费10元，昨天大约收费多少元？

答案： 9000元。

2. 小亮每分钟能跑298米，6分钟能跑完2000米吗？

答案： 300×6=1800（米），1800<2000，不能。

第 3 章 解决问题的方法

同学们，解决问题最关键的是审题。所以每一位同学都要学会如何审题，大家从低年级学习 10 以内的加减法时开始，老师就会教你们如何解决问题。虽然那时解决的是一些十分简单的问题，但老师总是再三叮嘱你们，应该读懂题目中每一句话的意思，理解好编题人的用意。这就是在培养你们的审题思路和意识，帮助你们在以后的数学学习中能更好地理解题目，解答问题。

3.1 如何审题

大象当裁判——审题的关键

自从上次乌龟和兔子赛跑之后，兔子一直想找个机会和乌龟再比一次。这不，机会来了，森林里要举行一次以"智力大比拼"为主题的活动。比赛的规则是：在规定的时间内，谁最先做对给出的三道数学题，谁就获胜。兔子和乌龟又分在了一组，当裁判的是大象。这时候兔子得意极了，心想："笨蛋乌龟，上次是我大意，这次你输定了。"

比赛开始了，兔子和乌龟都拿到了自己比赛的内容。第一道题是：最小的三位数和最大的两位数的和与差的积是多少？兔子和乌龟把头上的几根弦都绷紧了，认真地思考起来。时间一分一秒地过去了，大象裁判也在认真地观察两位参赛者。不一会儿工夫，兔子举手了，一脸胜利在望的表情，好像在说："笨蛋乌龟，你完蛋了，胜利肯定是属于我的！"就在此时，乌龟也举起了手，一脸严肃。大象问它们："你们的答案分别是多少呢？"兔子迫不及待地再次举起手，要求先说："我的答案是9900！"大象听到答案后很是诧异。兔子非常自信地解释起来："最小的三位数是100，最小的两位数是10，两数的和是指两数相加的结果，也就是100+10=110。两数的差是指两数相减的结果，即100-10=90。最后题目是要求出和与差的积。积，也就是两数相乘的结果，110×90=9900。"大象听了兔子的发言后没有作声，只是笑了笑。接下来轮到乌龟发言了，乌龟说自己的结果和兔子的不一样，它算出来的结果是199。它认为兔子看错了题，把题中最大的两位数看成了最小的两位数。大象听了乌龟的发言后也没有作声，只是点了点头。

第一个回合已经过去了，下面开始做第二道题，题目是：一个数除以6，商是15，当余数最大时，被除数是多少？看完题后，兔子和乌龟的表情各不相同，兔子是愁眉苦脸，乌龟则是满面春风，并且还不时地用手写着、画着。兔子把这道题读了一遍又一遍，就是不知道应该从哪里下手。而乌龟呢，很快就举起了手。大象问它们是怎么想的，兔子半天说不出话来，而乌龟讲起来头头是道："拿到这道题以后，我就开始认真地审题，努力理解题目的意思。在这道题里，首先要清楚的是，在除法里余数最大不能超过除数。因为除数是6，所以我判断题里的最大余数只能是5。知道了最大余数后，我就能很快算出被除数了，因为被除数＝商×除数＋余数。根据公式，被除数是：15×6+5=95。"听完后，大象还是没有作声，只是笑了笑。

还剩最后一道题。第三道题的题目是：两辆汽车同时从甲、乙两地相对开出，5小时后相遇。一辆汽车的速度是每小时55千米，另一辆汽车的速度是每小时45千米，甲、乙两地相距多少千米？因为这是最后一道题了，所以兔子和乌龟都谨慎了起来，都在认真地读题，但不同的是：乌龟用笔在题目上勾勾画画，而兔子却没有。很快乌龟就解答完了，并说出了理由："在解这一道题时，我首先从读题开始，了解其中的题意，并对里面的关键字'同时''相对''相遇'，还有'相距'做了相对应的标记。'同时'及'相遇'说明两辆车用的时间是一样的；'相对'及'相遇'说明两辆车从甲、乙两地出发再到相遇时，所行的路程之和就是甲、乙两地间的距离；而'相距'一词说明相隔的距离。一辆汽车行驶了多少千米？55×5=275（千米）。另一辆汽车行驶了多少千米？45×5=225（千米）。甲、乙两地相距多少千米？275+225=500（千米）。"乌龟刚说完，兔子也给出了它的做法，它通过大脑对整道题的数量关系做出分析，但由于它没有进行相对应的标记，所以做起来比乌龟要慢很多。

"智力大比拼"结束了，大象作为裁判宣布，这次的胜利者仍然是乌龟！兔子又一次低下了头，它很沮丧，也很后悔。

在临别时，大象告诉了兔子失败的主要原因，是它没有抓住审题的关键。在平时的学习中，要解决问题就必须先审好题，而审题的关键是：

①认真读题。在读题时，边读边想，仔细理解，明确题意，不能加字、漏字、读错字！

②认真思考。"思考"，就是对题目进行整体观察后，确定运算顺序，即想好先算什么，再算什么，最后算什么。"思考"，就是分析题中的数值特征和运算间的联系，联想到相关运算定律、运算性质，然后进行运算。

③抓住重点，即抓关键词。应用题都是由字、词、句构成的，往往存在关键性的字或词。关键词表明了数量之间的关系。有时应用题常常会给出多个条件，引导学生学会逆向思维，从问题出发去抓重点

及关键词，对多余的条件进行删减。题目意思是否能弄清楚，往往取决于对题目中的某个或某几个关键词的理解，关键词弄明白了，题意就一清二楚，问题也基本能够迎刃而解。因此，抓住了关键词，就抓住了审题的精髓。

④手脑并用。有些数学语言抽象难懂，不易理解，这时候同学们可以自己动手圈一圈、画一画来帮助审题。如果你能学会用线段图来帮助理解，相信你的解题速度肯定能提高很快。

听了大象的话，兔子诚恳地点点头，并且决定朝着大象指点的方向去努力，它再也不敢随便骄傲了！亲爱的小朋友，大象教你的审题方法，你学会了吗？下面快来小试一下身手吧。

 试一试

1. 最大的两位数和最小的质数的积是多少？

答案：198。

解题思路：拿到题后先想一下，最大的两位数是99，最小的质数是2，再求两数的积，也就是两数相乘，99×2=198。

2. 一辆汽车上午9时从甲地出发，下午2时到达乙地，如果汽车每小时走60千米，甲、乙两地的距离是多少千米？

答案：300千米。

解题思路：在解决这道题时，我们需要先从读题开始，并加以思考。要想算出甲、乙两地的距离，必须先知道汽车行驶的速度和时间，从已知条件"汽车上午9时出发，下午2时到达"可以推算出，汽车行驶的时间是5小时。行驶的时间有了，又知道速度是60千米/小时，所以路程是：60×5=300（千米）。由此，得出甲、乙两地的距离是300千米。

⏰ 糊涂蓝猫做数学——准确读懂题意

开学了,蓝猫和小熊高高兴兴地背着书包去上学,给它们上第一节课的是鸡大婶。走上讲台的鸡大婶满脸微笑地说:"今天我要选出一位数学课代表,谁能在最短的时间内做好这两道题,我就选谁。"小动物们听到后都非常激动,认为自己有极大的机会当选。

鸡大婶开始出题了,第一道题是:85 加上 6 乘 3 的积,结果是多少?第二道题是:甲、乙、丙三个数的和是 100,甲数是 27,乙数比甲数多 28,那么丙数是多少?

两道题刚出完,所有小动物的脑筋都迅速动了起来,蓝猫和小熊也不例外。时间一分一秒地过去了,不一会儿工夫,蓝猫和小熊都举起了手。鸡大婶第一个找的是蓝猫,它想请蓝猫具体说一说这两道题的解题思路。蓝猫非常自信地站起来,说出了自己的解决方案:"在第一道题里,根据题目的意思,我列出了这样的算式:

(85+6)×3
=91×3
=273

"第二道题我是这样做的,甲数是 27,乙数是 28,那么丙数用三个数的和减去甲数和乙数就能算出来啦!所以我的算式是这样列的:100-27-28=45。"

蓝猫的话音刚落,小熊立刻举手反驳起来:"我认为蓝猫的观点不对。在第一道题里,要抓住'积'这个字,先算出 6 乘 3 的积,再用 85 与 6 乘 3 的积相加,列出的算式应该是:85+6×3。我认为这里不需要加括号,直接根据运算的法则进行运算就行了。所以,我的运算过程是:

$$85+6\times3$$
$$=85+18$$
$$=103$$

"第二道题呢,蓝猫的推理是对的,用三个数的和减去甲数和乙数就行了。但是蓝猫太粗心了,它把题目的意思看错了,题中给出的不是乙数是28,而是乙数比甲数多28。所以不能直接从总数里面减去28,要先算出乙数,才能从总数里面减去甲数和乙数,最后得出丙数。所以计算的过程也就是先算出乙数:27+28=55,然后再从总和里减去甲、乙两数,就得到丙数了。"

$$100-27-55$$
$$=73-55$$
$$=18$$

听了小熊的发言,鸡大婶欣慰极了,脸上露出了灿烂的笑容,后来的结果不说大家也知道,小熊当上了数学课代表。这件事情以后,蓝猫再也不敢粗心了,每做一道题之前,都会细心地读题,希望能准确读懂题目的意思。

亲爱的小朋友,你从中学到了什么呢?想马上小试一下身手吗?

试一试

40除以2与5的积,商是多少?

答案:4。

解题思路:做这道题时,要先读懂题意,切记不能先算除法,要先算出2与5的积,然后再算除法。此时要注意,列综合算式时乘法的两边要加上括号。列式为:40÷(2×5)=40÷10=4。

谁先掉进陷阱

在森林里,狐狸和黄鼠狼总是爱吵架,原因是这两个家伙都十分虚伪。这不,在长颈鹿大叔的调解下,它们表面上算是和好了,但狡猾的狐狸总是爱捉弄黄鼠狼的本性还是没有改变。

今天天气特别晴朗,狐狸邀请黄鼠狼玩"跳跳猴"的游戏。它们的比赛规则是:狐狸每次只能跳4.5米,黄鼠狼每次只能跳2.75米。每秒每只动物只许跳2次,现在从起点开始,每隔12.375米设有一个陷阱,谁先掉进去谁就算失败了。

看着比赛规则,黄鼠狼心想:"我哪会这么倒霉呢,说不定是狐狸先掉下去。"其实狡猾的狐狸早已盘算好了,最后肯定是黄鼠狼掉进陷阱,你知道是为什么吗?

答案:我们可以思考一下,12.375米里面有多少次狐狸每次跳的米数,然后把它凑成最小的整数次,再用同样的思路算出黄鼠狼跳的最小的整数次。狐狸的:12.375÷4.5×4=11(次);黄鼠狼的:12.375÷2.75×2=9(次)。所以黄鼠狼先掉进陷阱。

3.2 如何解题

悟空巧胜二郎神——解题的技巧

在西天取经的路上,唐僧师徒四人又遇见了一件非常棘手的事情。一天下午,唐僧觉得肚子有些饿,八戒更是饿得走不动路,就让悟空去农庄化些斋饭回来作为充饥之用。可是,悟空去了很长时间,也不见回来，唐僧这时心急如焚，左盼右盼，到最后终于把悟空给盼回来了！

唐僧高兴万分，正在此时，不远处又来了一个悟空，并且两个悟空都在不停地叫着"师父！""师父！"。唐僧看得眼花缭乱，还是难辨真假。就在这个紧急的时刻，唐僧眼睛一转，计上心来，他对两个悟空说："你们谁能把这道题解决了，谁就是我的徒弟。"唐僧知道他的徒弟悟空是一个数学高手，肯定能算出答案。题目是这样的：

把 800 分成 40 个质数之和，同时让最大的质数尽可能小，最小的质数尽可能大。这最大、最小的两个质数的差是多少？

听了这个题目以后，两个悟空都行动了起来。一个悟空从小到大写出一些质数，然后按照题目所说的意思，在这些质数中挑出 40 个。可是，用这种方法挑来挑去，总是凑不成 800，而且还时常担心自己所挑的质数是不是真的符合题目要求。

而另一个悟空很聪明，他马上就掌握了解答此题的技巧。根据题意，要求的是"最大的质数尽可能小"和"最小的质数尽可能大"，所以要尽可能地把这 40 个质数挤在一块儿，突破口就是抓住这 40 个质数的平均数。这 40 个质数的平均数是：$800÷40=20$。接近 20 的质数有 19 和 23。假设这 40 个质数都是 19，它们的和是：$19×40=760$，比 800 少了 40。用一个"23"替换一个"19"，可以增加 4，由此可以求出，只需用 10 个"23"替换 10 个"19"，就会使 40 个质数的和是 800，即 $19×30+23×10=800$。所以，满足条件的两个质数 19 和 23 的差是 4。

这时，先前那个总是凑不成 800 的悟空摇身一变，变成了三只眼的二郎神。唐僧看到这儿就全明白了，悟空用自己的智慧巧胜了二郎神。

亲爱的小朋友们，你们从这个故事中得到了什么启示呢？也想小试一下自己的身手吗？

小光的哥哥是个中学生，参加了全校的数学竞赛（共有90人参加）。小光问他的哥哥："这次数学竞赛，你得了多少分？得了第几名？"哥哥说："我得的名次和我的年龄、我的成绩相乘正好是2910，你猜我的成绩和名次各是多少？"你能帮小光解决这个问题吗？

答案：小光的哥哥的成绩是97分，名次是第2名。

解题思路：先把2910分解质因数，2910=2×3×5×97。由此可知，小光的哥哥年龄可能是3×5=15（岁），也可能是2×3=6（岁），还可能是2×5=10（岁）。题目中已经说明他是个中学生，所以年龄应该是15岁。之后质因数就剩下了97与2，因为参加的人数只有90人，所以不可能是第97名，那就是小光的哥哥考了第2名，成绩是97分。

奇妙的数

同学们，你们见过这样的一些数吗？比如19这个数，我用它的各个数位上的数字先相乘再相加，得到的就是它本身。不信你瞧，1×9+1+9=19。现在我们来看看其中的秘密吧！

我们设这个两位数的十位上的数字是m，个位上的数字是n，则这个两位数可表示为：10m+n。根据这类数的意义可以得到下面的式子：mn+（m+n）=10m+n，再根据等式的意义可得：mn=9m。又因为m是十位上的数字，不可能是0，所以等式两边同除以m，得到n=9。

这就是在告诉我们，这个两位数的个位上的数字一定是 9。我们来验证一下看看：29=2×9+2+9，39=3×9+3+9。

由此可见，49、59、69、79、89、99 均为这类有趣而奇妙的数。小朋友，你也像我这样去试一试吧！

毛毛虫的烦恼——抓题中的字眼

野外，一只可怜的毛毛虫一不小心掉进了一口枯井里，于是，它开始想方设法往外爬。它观察了周围许久，枯井里除了有一根长长的竹竿以外，其他什么都没有。毛毛虫就想："也许我顺着这根竹竿就可以爬出去，见一见美丽的花儿，享受一下温暖的阳光，还有新鲜的空气。"想到这些，毛毛虫抬起头向上望了望，看见井口处有一只美丽的花蝴蝶在飞来飞去，它好奇地问："蝴蝶，外面的花儿开了吗？"蝴蝶说："开了啊，它们美着呢，你快点儿顺着竹竿爬上来，自己亲眼看看吧！""我每分钟爬 8 厘米，那我顺着这根竹竿什么时候才能爬到头呀？"蝴蝶说："你自己算一算就知道了，这根竹竿分三段，第一段长 8 分米，第二段的长度是第一段的 3 倍，而第三段的长度是前两段总长的 $\frac{1}{4}$，你能算出来吗？"毛毛虫想了半天也没个头绪，这时蝴蝶着急地说："要想算出你爬到头的时间，首先要知道这根竹竿的总长度，也就是第一、二、三段的长度总和。知道三段的长度总和，再用总和除以你爬的速度，这样就可以轻而易举地算出你所用的时间了。"

毛毛虫挠了挠头，"可是怎么才能算出三段的长度总和呢？现在我只知道第一段的长度呀。"蝴蝶说："小傻虫，你可以从题目条件入手，抓住题里的重点字眼、词句，进行分析和判断，不就能算出第二、三段的长度吗？已知第二段的长度是第一段的 3 倍，就可以用第一段的长度乘 3 算出第二段的长度。而第三段的长度是前两段总长的 $\frac{1}{4}$，所以第三段的长度可以用第一、二段的长度和乘 $\frac{1}{4}$ 算出。为了帮助理解题意，我们还可以借助线段图来分析。

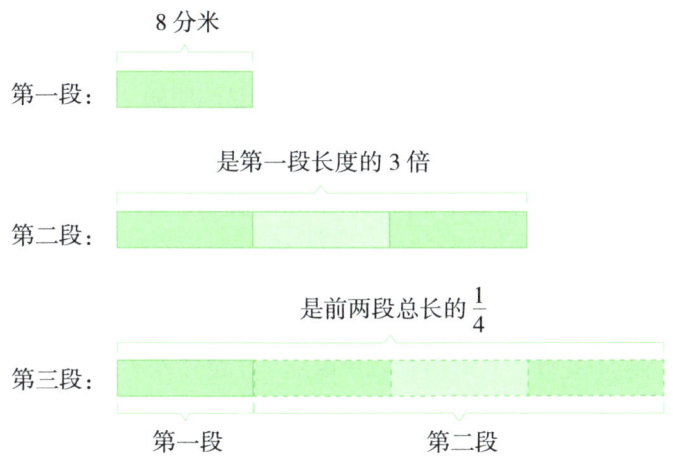

"从上图中，我们就可以清晰地看出各段长度之间的关系，从而算出各段的长度。第二段长是 8×3=24（分米），第三段长用前两段长之和乘 $\frac{1}{4}$ 计算，找准这个单位'1'，第三段长是 $(8+8×3)×\frac{1}{4}=8$（分米）。再算三段的总长度是 8+24+8=40（分米）。知道总长度后，你就可以算出自己爬到竹竿头所需要的时间了。

"在这里，还有一处很关键的地方，就是要抓住题里的字眼'每分钟爬 8 厘米'，不能直接用总长度除以 8。因为前后的单位不统一，为了便于计算，还要先把单位统一，这一步非常重要。40 分米等于 400 厘米，所以需要的时间为 400÷8=50（分钟）。"

听了蝴蝶的话，毛毛虫觉得胜利在望了。在蝴蝶的帮助下，它知道自己 50 分钟后就可以实现愿望，看到美丽的风景了！它终于可以逃离那个令它烦恼的枯井，从此再也没有烦恼了！

小朋友，读过毛毛虫的烦恼后，你想不想也来试一试？蝴蝶的本领你学会了吗？现在快来小试一把吧！

小明今天走了2400米，小亮走的路程是小明的$\frac{1}{3}$，而小明和小亮行走的总路程占小刚所走路程的$\frac{1}{5}$，那么小刚今天走了多少千米？

答案： 16千米。

解题思路：在做这道题时，我们要先算出小亮走的路程，再算出小明和小亮共走的路程，根据题意找到题里不断变化的单位"1"。我们用小明和小亮所行走的路程之和除以$\frac{1}{5}$，就可以算出小刚所走的路程了。计算过程如下：

$2400 \times \frac{1}{3} = 800$（米）

$2400 + 800 = 3200$（米）

$3200 \div \frac{1}{5} = 16000$（米）

算到这里还没完，我们还要注意题里的重点字眼，实际上这一处也是一个很不起眼的地方，我们可千万不能忽视，那就是："小刚今天走了多少千米？"我们前面所有的计算都是用"米"作单位的，而问题里却是以"千米"作单位的，所以在这里我们还要进行单位换算，也就是：16000米＝16千米，完成了这一步，最后写上答案才算全部解决了问题。

动物王国离奇大案

昨晚在动物王国发生了一起离奇大案，小狗的一辆别克车被盗了。

黑猫警长接到报案后，立刻组织警力进行搜查。在调查过程中，山羊大叔说昨天晚上它看见一个蒙面大盗开着一辆别克车，而且提供了非常重要的线索：车牌号的第一个数字是最大的一位数，第二个数字是最小的奇数，第三个数字是最小的合数，第四个数字是最小的质数。

听了山羊大叔提供的线索，黑猫警长和侦探们进行了深入的分析，最后终于找到了这辆车，成功地侦破了这起大案。小朋友，你知道小狗的别克车的车牌号是多少吗？

答案： 9142。

⏰ 羊羊历险记——化复杂为简单

村长慢羊羊带着羊群到孔雀山寻找治病的药草，它们分成了几组进行此次活动。懒羊羊、喜羊羊和美羊羊被分在一组，它们朝一片茂盛的草丛走去。走着走着，突然，只听"扑通"一声，它们掉进了灰太狼设置的陷阱里，无论怎样挣扎也上不来。灰太狼呢，在旁边高兴得手舞足蹈，把它们关进了自己为它们精心准备的牢房，并用一把大锁把它们锁了起来。

天渐渐黑了，三只羊心急如焚，如果再不逃出去，就真要被灰太狼煮着吃了。可是无论它们怎么使劲，都打不开这把锁。它们仔细一看，原来锁上有一道数学题，数学题的答案就是这把锁的密码。只要解出这道题，就能找到答案，打开这把锁了！

羊村今天买了5个足球和5个排球，共花了520元。狼村买了同样的5个足球和8个排球，共花了700元。每个排球和足球的价格各是多少元？

懒羊羊、喜羊羊和美羊羊一齐开动脑筋，静静地思考着解决办法。这时村长来救它们了，村长说："解决应用题的第一步，先认真审题，明确题意。"

喜羊羊最聪明，立刻领悟了村长的话，认真读题后，马上明白了题中的信息。它把条件进行了提取：5个足球、5个排球，共花520元；5个足球、8个排球，共花700元。明确了要求的问题是：一个排球和一个足球的价格各是多少元？

喜羊羊心想：把狼村买的球与羊村买的球相减正好得出3个排球的价格，然后很顺利地就可求出一个排球的价格。知道一个排球的价格后，不管是用羊村买球这件事，还是用狼村买球这件事，都能算出一个足球的价格。喜羊羊想到这儿，马上把自己的思考过程跟懒羊羊、美羊羊说了，它们俩也觉得这个解决问题的方法比较好。于是，它们开始列式了：

（700-520）÷（8-5）
=180÷3
=60（元）……………一个排球的价格

（520-60×5）÷5
=220÷5
=44（元）……………一个足球的价格

村长说："看到这类问题，我们要学会找突破口，从条件着手，认真思考，多想几种办法。有的问题需要把它们的量直接相减；有的问题需要把它们的量先扩大一定的倍数，然后再减。今天你们遇到的这个问题不难，所以直接相减即可。现在密码被破解了，那就赶快打开密码锁吧！"在村长的催促下，喜羊羊迅速把答案输了进去，门果然开了。

三只羊兴高采烈地跑了出去。第二天一大早，灰太狼准备煮羊吃，

走进去一看,傻眼了,羊全跑了。没过多久,只听平底锅"砰"的一声,接着就是灰太狼求饶的声音。

亲爱的小朋友,从这个故事中,你学会这种解决问题的方法了吗?想挑战一下自己吗?那就让我们来小试一下身手吧!

1.笑笑买了8本练习本和3支钢笔,共用28.5元,淘气买了同样的4本练习本和2支钢笔,共用17元。每本练习本和每支钢笔各多少元?

答案:每本练习本1.5元,每支钢笔5.5元。

解题思路:把淘气买的学习用品的数量和金额均扩大到原来的2倍,这样就变成了淘气买8本练习本和4支钢笔共用34元。然后根据喜羊羊做的那道题的思路,就可以算出钢笔的单价了。钢笔的单价是:(17×2−28.5)÷(4−3)=5.5÷1=5.5(元),练习本的单价是:(17−5.5×2)÷4=1.5(元)。

2.妈妈买了2千克苹果和4千克梨,共用了56元,刘阿姨买了同样的3千克苹果和3千克梨,共用了54元。苹果和梨每千克各是多少元?

答案:苹果每千克8元,梨每千克10元。

解题思路:本题的解题思路与上一题又有了一些小的区别,要把妈妈和刘阿姨买的水果的质量和金额同时扩大一定的倍数,让其中一种水果的质量相同。由此衍生出好几种解决方法,在这里我举出其中一种解决方法:(56×3−54×2)÷(4×3−3×2)=60÷6=10(元),这是梨的单价;(56−10×4)÷2=8(元),这是苹果的单价。

⏰ 阅兵式上的奇迹

同学们，你们知道从新中国成立以来我国共进行了几次大阅兵吗？

在某年大阅兵时，某师第二炮兵连在接受阅兵训练时，对车辆驾驶有这样的规定，误差不超过 0.15 秒，其中一项最小误差不超过 0.05 秒。仔细一想，0.15 秒这个时间只不过是人们眨眼的工夫，0.05 秒则是昆虫螳螂从猛扑到擒拿住蝉的时间。这样极为短暂的时间，几乎是超越了人类极限的时间。

在阅兵式上，某炮兵导弹方队将基准车受阅区等速误差由 0.3 秒降低到 0.1 秒，将车与车之间的列误差由 0.5 米降低到 0.3 米。10 多辆发射车匀速行驶时，所有排面匀速误差全部控制在 1 分 12 秒 01 之内。战车方队的引导基准车，已经可以将方队通过 100 米距离的等速成绩保持在 35.975 秒至 36.01 秒之间，其误差比螳螂捕蝉时间还要短。而车辆骑线偏差也可被控制在 0.5 厘米至 0 厘米之间。这 0.5 厘米在十车道宽的长安街上，是人们用肉眼根本无法看到的差距。

3.3 解决问题的一般策略

同学们，从本节开始我将具体谈谈解决问题的一些巧妙的方法和策略，希望你们能从这些方法和策略中受益。

⏰ 从问题想策略

有很多数学题，我们可以通过仔细读题，从题目中的问题入手，找到解决该题的突破口,最终顺利地解决这类问题。

【例1】学校成立了各学科兴趣小组,参加电脑小组和美术小组的共有54人,已知电脑小组比美术小组多12人,参加电脑小组和美术小组的各有多少人?

这道题从问题来看,是要我们求两个兴趣小组分别有多少人,而现在题目的条件中告诉我们的是总人数和两个小组相差的人数。我们可以这样来想办法,把两个小组的人数看成是相等的,而从第二个已知条件中得到"电脑小组比美术小组多12人",我们就可以从总人数里去掉12人,这样电脑小组和美术小组的人数就一样多了。然后再进行二等分,即可得到人数较少的美术小组的人数。之后把美术小组的人数加上12人,就是电脑小组的人数。我们也可以画出线段图来帮助理解,如下图所示:

美术小组:

多12人   共54人

电脑小组:

从上面的线段图中,我们可以清楚地看到,把电脑小组比美术小组多出的12个人从总人数54人中减掉以后,两组的人数正好一样多,而且这个人数正好是美术小组的人数。接着,我们就可以求出电脑小组有多少人。这道题目的计算过程是:

(54-12)÷2=42÷2=21(人)……………… 美术小组

54-21=33(人)……………………………… 电脑小组

同学们,其实这道题除了上面这种解决方法以外,还有另外一种解决方法,你们想出来了吗?如果我们把两个兴趣小组的人数差加在总人数里面,这样就可以把两组的人数都看成电脑小组的人数了。然后再进行二等分,得到的就是电脑小组的人数。把电脑小组的人数算出来以后,我们就可以轻松地求出美术小组的人数了。

同学们,你们明白了吗?下面我们来总结一下这道题的两种不同的解决思路。像这种类型的题目,通常被叫作"和差问题"。解决"和差问题"的关键,是知道两个量的和,以及这两个量的差。在这里,我也给大家介绍一个解决这类问题的妙法:(和+差)÷2=大数;(和-差)÷2=小数。好了,现在你用这个妙法来试一试,看看灵不灵。

1. 今年我和妈妈的年龄加起来是 48 岁,妈妈比我大 26 岁,我和妈妈各是多少岁?

答案: 妈妈是 37 岁,我是 11 岁。

2. 张伯伯和王伯伯去赶集,他们一共买了 21 千克的油,张伯伯比王伯伯多买了 9 千克的油,张伯伯和王伯伯各买了多少千克的油?

答案: 张伯伯买了 15 千克的油,王伯伯买了 6 千克的油。

3. 客车和货车同时从两站出发,相向而行。相遇时它们共行了 180 千米,客车比货车多行了 40 千米,客车和货车各行了多少千米?

答案: 客车行了 110 千米,货车行了 70 千米。

调换位置的学问

小朋友,你小时候玩过把数字调换位置的数学游戏吗?这种游戏里面隐藏着很多秘密呢。我们先一起来玩个简单的数学游戏,请你边玩边仔细观察这里面的秘密。

（32-23）÷9=1　　　　（94-49）÷9=5
（91-19）÷9=8　　　　（432-234）÷9=22
（524-425）÷9=11　　（612-216）÷9=44
……

小朋友，你发现其中的规律了吗？两位数调换两个数字的位置后，所得的差除以9，得数正好是十位和个位上数字的差；三位数调换首尾两个数字的位置后，所得的差除以9，得数肯定是两位数，同时这个两位数的十位和个位上的数字是一样的，并且是三位数的首尾两个数字的差。

我们继续猜想一下，如果前面的被除数是四位数的话，我们调换首尾两个数字的位置后，会是什么样的情况呢？不过，四位数的调换跟三位数和两位数的调换有点儿不一样。请看下面的题，你来算一算，观察一下它们有什么规律。

（4321-1324）÷9=　　　　（6523-3526）÷9=
（7342-2347）÷9=　　　　（9145-5149）÷9=

答案：四位数调换首尾两个数字的位置后，所得的差除以9，得数都是三位数，同时这个三位数的个位、十位、百位上的数字都是一样的，并且是四位数的首尾两个数字的差。

如果你已经发现这个规律了，就请你再给自己编几道题试一试吧！

从条件想策略

小朋友，其实解决问题的策略和方法有很多，在上面的内容里，我们知道了从问题着手去想办法解决问题。下面我想和大家共同探讨一个新方法，就是从条件着手去想办法解决问题。在数学中有很多解决问题的策略，千万不能千篇一律，我们要学会根据不同的问题，采用不同的策略来解决。

【例2】幼儿园的小朋友们排成纵队做早操，从前往后数，红红排在第11位；从后往前数，红红排在第6位。请问，这一纵队有多少名小朋友在做早操？

读完这道题后，你肯定会说，那还不简单，11+6=17（人），不就是红红这个纵队总共站了多少人呀！其实细心的同学只要仔细想想就会发现，这种算法是错误的。从前往后数时已经把红红算上了，而从后往前数又把红红算上了，如果把这两个数相加，岂不是这个纵队中算了两个红红吗？

因此，17−1=16（人）才是这个纵队中的真正人数。小朋友，你想明白了吗？那就来试试吧！

同学们在玩藏猫猫游戏，淘气担任要捉到所有同学的任务。他跑到房子的拐角，发现明明正冲着他笑，接着他一转身，又发现剩余的8名同学。请问，这群玩游戏的同学共有多少名？

答案：10名。

解题思路：除了算上躲藏的明明和8名同学外，小朋友们千万不要忘记把找人的淘气加上啊。

【例3】一辆汽车从甲地开往乙地，经过6个小时行了全程的 $\dfrac{3}{8}$，这辆汽车几小时能行完全程到达乙地？

读完这道题，我们首先从已知条件着手考虑，虽然题目中没有告诉我们实际的路程，但在条件中用"分率"告诉了我们这辆车6个小时所行的路程，这样我们就可以求出该车一个小时行驶的路程，也就是每个小时行了全程的几分之几。知道这辆车的速度以后，我们再把全程看作是单位"1"，这样也就知道了这辆车行驶的路程和速度，即可求出该车的行驶时间。因此：

$1÷(\dfrac{3}{8}÷6)=1÷\dfrac{1}{16}=16$（小时）

上面的是一种从条件着手解决问题的策略方法。下面还有一种方法，也是从已知条件入手考虑，这种方法更简单，我们一起来看看。题目中告诉我们：6个小时行了全程的$\dfrac{3}{8}$，反过来考虑，行完全程（单位"1"）需要多长时间呢？

$6÷\dfrac{3}{8}=16$（小时）

由此可以看出，解决问题时我们一定要注重联系，思考题目给我这个条件，我可以解决哪些问题。即便是本题不需要解决这个问题，但我们在做题时能联想到的都要尽量去联想，这样可以发散我们的思维，开阔我们的眼界。

再如，"爷爷的年龄是孙子的5倍"，看到这个已知条件我们应该联想到：爷爷比孙子的年龄大4（5-1）倍；孙子的年龄是爷爷的$\dfrac{1}{5}$；孙子比爷爷的年龄小（5-1）÷5=$\dfrac{4}{5}$；孙子与爷爷的年龄比是1∶5；等等。上面这些联想有的是正向思考，有的则是逆向思考。如果把"爷爷的年龄是孙子的5倍"作为正向思考的话，那么，"孙子的年龄是爷爷的$\dfrac{1}{5}$"就是逆向思考。这样的互逆思考，可以开拓我们的思路，激活我们的思维方式，对我们的解题起到一定的促进作用。

对于空间与图形的问题，有的在解决时也是要从条件入手来分析解决策略。在学过三角形的认识后，笑笑就遇到了这样的一个数学问题。

【例4】一个等腰三角形,其中的两条边长是12厘米和5厘米,这个等腰三角形的周长是多少?

笑笑拿到题目马上开始计算,她想:这还不简单,12+5×2=22(厘米)不就行了吗?可是老师一看答案,就说笑笑算错了。笑笑立刻说,那就是12×2+5=29(厘米),这一次虽然算对了,但笑笑不知道为什么这样算是对的。小朋友,你知道吗?

其实呀,在学习三角形的认识时,我们曾经动手操作过,任意一个三角形的两边之和肯定是大于第三边的,如果等于或小于都拼不成三角形。在笑笑的第一种算法中,两边之和小于第三边,肯定拼不成三角形,而第二种算法中的两边之和大于第三边,所以是对的。

1. 聪聪要买一本《儿童故事》,可是他身上带的钱不够,差5.2元;明明要买同样的一本书,差3.4元。如果他们把钱合起来一起去买,结果还差0.8元。他们各带了多少钱?这本书多少钱?

答案: 书:7.8元,聪聪:2.6元,明明:4.4元。

解题思路:

聪聪:(5.2-3.4)+0.8=2.6(元),书:2.6+5.2=7.8(元),明明:7.8-3.4=4.4(元)。

2. 一个等腰三角形的一个底角的度数是顶角度数的2倍,它的顶角和底角分别是多少度?

答案: 顶角:36度,底角:72度。

解题思路:

顶角:180÷(2+2+1)=36(度),底角:(180-36)÷2=72(度)。

括号的力量

淘气放学回到家就开始写作业,写完作业后他感觉很累,就趴在桌子上睡着了。在睡梦中,他隐约听到书包里课本上的数字与运算符号在吵架,他连忙走过去看个究竟,只见"+""-""×""÷"还有括号都昂着头,趾高气扬地走了过来。这时一道算式出现在它们的面前:$78-36÷2+5×12$。还没等淘气计算呢,只听"×"和"÷"就在说:"在一道没有括号的算式里,如果既有加、减法,又有乘、除法,要先算乘、除法,后算加、减法,这可是老祖宗的规定,它还有个学名,叫四则混合运算顺序。"大家一听这话,都很气愤,你算老几,我们凭什么都听你的?其他数字都在为"+""-"鸣不平,突然有个数字说:"今天我们就来先加减后乘除。"话音一落,这个算式变成了:$42÷7×12=72$。

"不行,不能那样算。这样违反了运算顺序,你们的结果肯定是错的。"大家循声望去,只见"-"在旁边大声地说着。是呀,不能违反规定,于是大家只好重新排好队进行计算:$78-36÷2+5×12=78-18+60=120$,这一下傲气的"×"和"÷"更加得意了。

站在旁边沉默不语的括号兄弟看在眼里,气在心里,心想:"×"和"÷"有什么了不起,只要我们一上,你们还不得乖乖地靠边站。于是,兄弟俩互相递了个眼色,大踏步地走进了队伍里,这时队伍里的"×"和"÷"眼睛瞪得大大的,只听括号兄弟说:"大家抓紧时间计算,计算完了我们要撤退了。"大家连忙计算:$(78-36)÷(2+5)×12=42÷7×12=6×12=72$。

数字兄弟们情不自禁地鼓起了掌,为勇敢的小括号喝彩,"+"和"-"也高兴地跳起了舞,憨厚的"="也在频频地点头。"×"和

"÷"也觉得自己太狂妄了，羞愧地低下了头。这时，一个中括号兴致勃勃地拉着小括号的手说："咱俩今天让它们看看我们的威力。"说着也钻进了这个算式：[（78-36）÷2+5]×12=[42÷2+5]×12=[21+5]×12=26×12=312。就这样，随着括号们不断地改变位置，计算结果也在不断地发生变化。

这时，括号、数字、"+"、"-"、"×"、"÷"等所有参加计算的数字和符号都形成了一致的意见：在有括号的算式里，应该先算括号里的；如果既有小括号又有中括号，要先算小括号里的，再算中括号里的。小朋友们，你们也一定要记住，千万不能乱算，乱算了它们都不会同意的。

巧思妙想——从方法想策略

同学们，有很多解决问题的题目，你们只要仔细分析就会发现里面有着巧妙的解法。如果能掌握这些巧妙的解题方法，不仅可以帮助你们理解知识，感悟知识之间的内在联系，还能提高你们解决问题的速度。下面我给大家介绍两个例子，期盼你们能从中悟出一些道理，并运用到日常的学习中。

【例5】张师傅有一块长方形的木工板，宽是长的 $\frac{3}{5}$，已知宽是60分米，长是多少？

看到这个题目，可能同学们会想到用比例来解。把长与宽的和看成是8份，第一步求出长与宽的和是：$60 \div \frac{3}{8} = 60 \times \frac{8}{3} = 160$（分米），长是：160-60=100（分米）。

但本题有一种更巧妙的解法，从题目的条件可知"宽是长的 $\frac{3}{5}$"，逆向思考就是"长是宽的 $\frac{5}{3}$ 倍"，那么长就是：$60 \times \frac{5}{3} = 100$（分米）。

【例6】校园里种了两种树，松树24棵，杨树的棵数是松树的4倍，两种树的棵数各占总数的几分之几？

这道题目用正常的思维来分析，先求出杨树和松树的总棵数，再分别求出各占总数的几分之几。松树的棵数应该占总数的：$24÷[24×(4+1)]=\frac{1}{5}$，杨树的棵数应该占总数的：$(24×4)÷[24×(4+1)]=\frac{4}{5}$。

同学们，你们是不是感觉上面的这种方法很麻烦啊？其实这道题也可用一种十分巧妙的方法来解决，我们一起来看看。我们把松树的棵数看作"1"，因为杨树的棵数是松树的4倍，所以这两种树的总棵数就是（4+1），那么松树的棵数占总数的：$1÷(4+1)=\frac{1}{5}$；杨树的棵数占总数的：$1-\frac{1}{5}=\frac{4}{5}$。同学们，这种巧解的方法很简单吧。以后在解决问题时你们要善于观察、总结和思考，相信你们今后也能发现更多的数学中巧解的方法。

1. 学校里栽了一些松树和杨树，其中松树有10棵，是杨树棵数的$\frac{1}{4}$，两种树共有多少棵？

答案： 50棵。

解题思路：我们可以换种思路理解，杨树棵数是松树的4倍，这样杨树和松树的棵数总和就是松树的（4+1）倍，于是我们就可以求出两种树共有$10×(4+1)=50$（棵）。

2. 幼儿园小班分到16个苹果，大班分到的苹果数是小班的3倍，是中班的2倍，问三个班分到的苹果数分别占总数的几分之几？

答案： 大班占$\frac{6}{11}$，中班占$\frac{3}{11}$，小班占$\frac{2}{11}$。

解题思路：其实这道题我们可以把它看成是多余条件的题目，简化成小班占1份，大班占3份，中班占$\frac{3}{2}$份，这样总份数就是$(1+3+\frac{3}{2})$，然后再把每个班的份数除以总份数，就可以得出每个班占总数的几分之几了。

测量的方法

小朋友，你已经学过测量物体了吧。虽然有很多小朋友学过了，但是仍然不会测量物体。今天我要教你一个测量的口诀，你一定要学会，真的会有很大的帮助！

尺子先放平，左边对准"0"，右边指到几，就是几厘米。

哈哈，多简单呀！请你快用这种方法去测量试试吧！

一般问题的解决策略

同学们，前面我们学习了解决问题的几种策略，现在我们再从解决问题的难易度上来分析一般应用题的类型及其解决策略。

通常我们看到的简单的应用题都有两个已知条件和一个问题，根据每道应用题的题意解题，解答时无非是求题中两个已知条件的和、差、积、商。

现在我们把这些简单的应用题大致归类一下，根据题目中的数量关系，较常见的有以下几种：求总数量的；求剩余量的；求两个数量之间相差多少的，也就是求一个数比另一个数多（少）多少的；求把一个数量平均分后，每一份是多少的；求一个数量的几倍（几分之几）是多少的；求一个数是另一个数的几倍（几分之几）的。解决这些应用题，我们关键要掌握好解决策略，仔细分析题目条件和问题之间的数量关系，来选择合适的解决方案。

【例 7】超市有一些洗衣粉，卖出 28 袋后，还剩 13 袋，超市原来有多少袋洗衣粉？

这道题有很多同学在解决时会用减法去计算，造成这种错误的原因是审题不清，没有很好地分析题目中要求的问题和条件之间的联系，拿到题目后就盲目下手。

我们仔细读题后会发现，要求原来有多少袋洗衣粉，肯定要把卖出去的与剩下来的合起来才行。

正确的解法是：28+13=41（袋）。

【例 8】妈妈和笑笑进行包饺子比赛，10 分钟内，妈妈包了 12 个饺子，笑笑包了 6 个饺子，笑笑包的是妈妈包的几分之几？

初看题目感觉比较简单，所以有很多同学拿到这道题可能会这样做：12÷6=2，但这种算法出现了错误，求出来的是妈妈包的是笑笑包的几倍。题目中要求的是笑笑包的是妈妈包的几分之几，就要用笑笑包的个数除以妈妈包的个数：$6÷12=\frac{1}{2}$。

做这类题目时一定要注意：是前面的量是被除数，还是后面的量是被除数。当然有时候题目中不用"是"这个字，而是用"占""比"等字。你如果能把题意搞清楚，就知道这几个字实际上的意思是一样的，解决方法和思路也是一样的。

小朋友们，像例 7 这样的问题一般是在一年级时学到的，属于逆向思维的题目。例 8 是学过认识分数以后需要解决的问题。这些题目其实你们只要在理解题意的基础上，找准关键字就行了。

你们对上面的知识学得怎么样？下面的试一试能帮助你们对自己进行一个检测。

试一试

1. 聪聪有 27 张卡片，明明比聪聪多了 13 张卡片，明明和聪聪一共有多少张卡片？

答案： 明明有 27+13=40（张），两人共有 40+27=67（张）。

2. 六（1）班有 54 名学生，其中男生 23 人，女生人数是男生的几分之几？男生人数是女生的几分之几？

答案： 女生有 54-23=31（人），女生人数是男生的：$31 \div 23 = \frac{31}{23}$，男生人数是女生的：$23 \div 31 = \frac{23}{31}$。

复合问题的解决策略

对于复合应用题，我们需要用两步或两步以上的计算才能求得答案。在解决这类应用题时，一般都是下一步计算要用到上一步的结果，大部分步骤之间都是环环相扣的，所以复合应用题也可以看作是由若干个简单的应用题组合而成的。如果在解决问题时学会分解方法，那么再复杂的应用题对我们来说也会变得简单了。

我们解决这类应用题的方法有以下几种：第一种，从已知条件出发，逐步推导所求的问题，直到得出最终的结果，这种方法称为综合解题法，但这种方法一般适用于题目中数量关系稍简单一些的情况。第二种，从问题出发追向条件，找出解决问题的数量关系式，在数量关系式中找出哪个量已知，哪个量未知，确定先求什么，再求什么，这种方法称为分析解题法。这种解题方法一般适用于数量关系比较复杂、隐蔽或步骤较多的题目。第三种方法是前两种方法的综合，一边根据已知条件向问题一步步寻找突破口，另一边从问题出发仔细分析寻找所需要的条件，这就是我们解决更难的一些应用题时常常采用的方法，称为综合分析法。

【例 9】 一辆汽车行一段山路，上山时每小时行 60 千米，用了 4 小时；下山时每小时行 80 千米，用了 3 小时。这辆汽车的平均速度是多少？

有很多同学看到这样的题目，会受到以往学过的求平均数的影响，很快想到这样的解决方法：（上山速度+下山速度）÷2=平均速度，导致大错特错。

本题的正确解法是：用总路程除以总时间，即可得到平均速度。列式如下：

（60×4+80×3）÷（4+3）=$68\frac{4}{7}$（千米/小时）

【例 10】 粮店运进大米和面粉共 630 吨，其中面粉占总量的 20%。后来又运进了一批面粉，这时面粉占总量的 30%，又运进的面粉是多少吨？

本题由于面粉的数量发生变化，引起了总量的变化，因此，20% 和 30% 虽然都是以大米和面粉的总量为单位"1"，但是单位"1"在这里是一个变量，20% 对应的单位"1"是总量 630 吨，而 30% 对应的单位"1"却是 630 吨加上又运进的面粉数量后的总质量。所以我们就不能以单位"1"为标准，必须抓住本题中的不变量。通过分析，我们可知无论是运进面粉前，还是运进面粉后，大米的数量始终是不变的。因此，我们可以得出开始时大米占总量的（1-20%），求出大米的数量，然后由"后来又运进了一批面粉，这时面粉占总量的 30%"这个条件，可以求出总共有大米和面粉共多少吨，然后再减去原有大米和面粉的吨数（即 630 吨），就可以算出又运进的面粉吨数了。列式为：

630×(1-20%)÷(1-30%)-630=90（吨）

同学们，这种变中找不变的问题的解法你们学会了吗？下面你们也来试试吧！

1. 从甲地到乙地有130千米，一辆汽车从甲地出发开往乙地，再从乙地返回甲地（不停留），去时用了1.2小时，回来时用了1.3小时，这辆汽车的平均速度是多少？

答案： 104千米/小时。

解题思路：（130×2）÷（1.2+1.3）=104（千米/小时）。注意，这里的总路程需要算往返的，不能只算一个单程。

2. 某工厂有职工1200名，其中女工占$\frac{3}{5}$，后来又调进了一批女工，这时女工人数占总人数的$\frac{2}{3}$，调进来多少名女工？

答案： 240名。

解题思路：$1200×(1-\frac{3}{5})÷(1-\frac{2}{3})-1200=240$（名）。

第三篇

实战篇

  亲爱的小朋友们,本篇的开篇我想与大家聊聊学好数学的一些基本方法,希望大家通过阅读本篇的内容,达到提高数学成绩的目的。

  在魅力篇和方法篇中,我向大家介绍了许多有趣的数学问题,以及学好数学的方法,可能你们已经从中领略到了一些数学的风采。其实数学是一项十分有趣而又简单的思维工程。我想只要我们每一位小朋友能通过阅读本书,掌握书中的一些思考方法,然后再结合本篇中所介绍的方法进行一定量的具体操作和练习,相信你们的数学成绩肯定会出现前所未有的进步。

  当然,无论学习哪一门功课,都需要一个循序渐进的过程。如果你们现在的成绩不是十分理想,也不要着急,只要你们认真阅读本书,把书中向你们展示的一些基本思维方法和思维习惯学好了,我想你们的数学成绩想不进步都是一件难事。小朋友们,好好看书吧!书中有你们学会数学的秘密,这些知识和学习数学的方法都在为你们提供迈向成功的阶梯。

  在本篇中,我不仅要引领大家去寻找思考问题的方法,还为大家提供了解决问题的捷径。本篇每一节的后面,甚至重要的实例后面,都有不同形式的跟踪训练。这样设计的目的是想让大家在读过本书内容后,能得到及时的强化训练,学会并巩固书中所提供的思考方法。我特别不欣赏题海战术,但十分推崇那种提高学生学习兴趣的跟踪训练。少量的题目能让学生们感觉"我会了""我获得成功了",让他们在学习中能时刻享受成功,增强自信心。

  小朋友们,在本篇中我会向你们介绍各种不同类型题目的解决思路和方法,这些解题思路和方法对你们小学阶段学习好数学有着十分重要的影响。你们需要好好地掌握,因为有的方法甚至可以对你们一生的学习产生深远的影响。

第1章 分数和小数

1.1 争吵的风波——分数与小数握手

"先化成我！"

"不，先化成我！"

还没有看到人，大家就听到了大吵大闹的声音。原来在数学王国的门前，分数与小数正在争吵，吵得王宫都摇摇晃晃的，是什么原因让它们吵成这样呢？我们快去看看吧！

小数和分数今天真是棋逢对手，它们在下面的计算题里相遇了。

$\frac{3}{4} + 0.29 \times 0.4$

淘气拿着这道题，听着它们的争吵，真不知道该怎么计算了。这时，他忽然想起了前几天老师在课堂上说的话：如果碰到分数与小数在同一道题中的计算题时，就要根据实际情况来确定是将小数化成分数计算，还是将分数化成小数计算。他想这道题就应该将分数化成小数计算比较方便些。理由一，题中三个数中有两个数是小数；理由二，题中的分数化成小数比较方便，因为将 $\frac{3}{4}$ 化成小数是 0.75。所以本题计算过程应该是：$\frac{3}{4} + 0.29 \times 0.4 = 0.75 + 0.29 \times 0.4 = 0.75 + 0.116 = 0.866$。你瞧，多简单呀！

淘气完成了上面这道题以后，心里十分得意。他心想，这么简单的题，它们还吵来吵去的。就在此时，他又听见旁边另外一道题里的小数和分数也在争吵，他仔细一看：$\frac{1}{2} + \frac{5}{3} - \frac{4}{3} \times 0.25$。淘气说："别吵了，你们看看这四个数中分数占了三个，肯定要将小数化成分数计算了,而且将这里的分数 $\frac{1}{3}$ 化成小数时是一个无限小数,那就没法计算出准确值了,所以还是将小数化成分数计算起来更简便。"说着,淘气很快列式计算出结果。

$$\frac{1}{2} + \frac{1}{3} - \frac{4}{3} \times 0.25$$
$$= \frac{1}{2} + \frac{1}{3} - \frac{4}{3} \times \frac{1}{4}$$
$$= \frac{1}{2} + \frac{1}{3} - \frac{1}{3}$$
$$= \frac{1}{2}$$

吵闹的分数与小数终于都平息下来了,它们明白自己做错了,羞愧地低下了头,小声地说:"究竟什么时候该把分数化为小数,什么时候该把小数化为分数,我们经常拿不定主意,所以老是为这事儿吵架。淘气哥哥,你有什么秘诀可以帮我们解决这个问题吗?"

淘气边思考边说:"小数和分数混在一起时要注意以下几点。

"第一,要注意观察题目,看哪种数多,就将另一种数化为这种数,这样可以减少小数和分数相互转化的时间。例如,$\frac{1}{4}$+0.75+0.15-0.2,这道题将分数化成小数,计算要更简便些;再如,$\frac{2}{5}+\frac{3}{4}+\frac{1}{3}-0.5$,这道题将小数化成分数,计算要更简便些。

"第二,要注意判断分数能否化为有限小数,如果不能化为有限小数,为了保证计算结果精确,就要将小数化为分数。例如,$\frac{6}{7} \times 0.8-0.3$,这道题中的 $\frac{6}{7}$ 就不能化为有限小数,就要将其他小数化为分数来计算。

"第三,加减混合运算将分数化为小数计算更简单,这样可以省去通分的过程;乘除混合运算或四则混合运算一般将小数化为分数计算更简单,这样可以直接约分得出结果,使复杂的计算变得简单。例如,$2\frac{1}{2}+0.7-1.25-\frac{3}{8}$,将其中的分数化为小数相对简单些,这里面只有加减运算;而 $2\frac{1}{2} \times 0.7-1.25 \div \frac{3}{8}$,则把其中的小数化为分数相对容易,因为这里除了减法运算还有乘除运算。

"第四,能简算的要简算,先认真审题,想清楚有没有将分数与小数相互转化的必要,再依据题目选择如何相互转化。例如 $\frac{5}{6} \times 0.45 + 0.55 \times \frac{5}{6}$,这道题就没有必要相互转化,它可以利用乘法分配律进行简便运算。

"最后再送你们一句话:细心观察,灵活运用。"

小数和分数听完后都恍然大悟,惊讶地张大嘴巴,说:"我们明白了,以后我们再也不争吵了,我们要根据题目的实际情况做决定。选择谁来计算都一样,简便易算才是最终的目的。"

淘气又告诉了它们如何观察一个分数能不能化成有限小数,关键是把这个分数化成最简分数后,再看它的分母中有没有2与5以外的其他质因数。如果有的话,就不能化成有限小数,那样的算式再复杂也只能用分数进行计算。

小朋友们,从这个小故事中你们明白如何计算分数与小数的混合运算的道理了吗?下面你们也来试试身手吧。

 试一试

请你在三分钟内完成下面的题目。

1. $9.8 - \frac{1}{4} + 3.58$

答案: 13.13。

2. $0.85 \times \frac{4}{5} - 0.16 \div \frac{8}{15}$

答案: 0.38。

3. $0.47 \times \frac{2}{5} + 0.4 \div \frac{100}{53}$

答案: 0.4。

1.2 一般性分数（小数）应用题

对于分数和小数这类应用题，如果你们遇到了也不要慌张，仔细分析题意，寻找合适的解决方法。现在的应用题在教材中没有独立成章节来讲解，而是以解决问题的形式呈现。小朋友们在解决问题时，首先要认真审题，再去思考解决方法。这些方法一般来说与整数应用题的解决方法类似，只是数是分数或是小数罢了。下面我们一起去看看淘气是怎么解决这类问题的。

梦游神秘岛之一

淘气是个聪明的孩子，爱动脑筋，爱幻想。因为他特别喜爱数学，所以数学成绩很棒。他每天晚上睡觉前，总是把新学的内容和以前学过的知识联系起来，反复研究琢磨，就连做梦都是数学问题。这不，淘气又开始进入梦乡了。

"哎！这是哪儿？"淘气奇怪地自言自语。

"这儿是一座神秘岛。"一个熟悉的声音响起来，原来班里胆子最小的女生聪聪也在这里。

"呀，聪聪，你怎么也在这里？"淘气叫起来。

"嘘，小声点。我也不知道，但我听说这座神秘岛上住了一个恶魔，专门抓回答不好问题的小孩子。"

淘气拍了拍胸脯说："别害怕，有我呢！什么问题也不会难倒我的。"

"哈哈，谁这么大的口气，看我不抓住你们！"只见一只身高 3 米多、奇丑无比的独眼怪物出现在眼前。还没等淘气开口，聪聪已经站在怪物跟前大声喊道:"我们才不怕你呢!听说你有一肚子问题,我们如果都答对了,你就抓不了我们了。要知道我们可是班里有名的解决问题的高手。"

"别吹牛了,今天你们俩我抓定了,哈哈哈!"怪物得意地大笑道。

"那你放马过来啊!"淘气边说边纳闷儿。平时聪聪胆子最小,真没看出来今天这么勇敢,自己可不能让她看扁了。

正想着,猛然间怪物一挥手,淘气眼前一片模糊,只听耳边呼呼作响。等淘气看清周围时,他们俩已被关在一座迷宫里。"等我再抓几个小孩就来收拾你们,哈哈哈……"怪物的声音渐渐远去。

"看,这里有一道石门,门上还有数字。"聪聪说。淘气跑过去一看,一边写着4,一边写着5,门中间还有一个大门闩。淘气和聪聪赶紧去开门,可门闩怎么也打不开,仔细一看,原来门闩上有一道数学题:4是5的( ),5是4的( )。

"咱们把空填上,看能不能打开门。"淘气说。

聪聪无奈地说:"可你知道我数学总考不及格,还是你来填吧。"

"那你还敢吹牛,我来教你吧!"

说着,淘气掏出笔,"这是一道求分率的题目,问一个数是另一个数的几分之几,应该将'是'字后面的数看作单位'1',直接用除法就可以了,你看4是5的 $\frac{4}{5}$,5是4的 $\frac{5}{4}$。"淘气刚写完,门闩和石门便自动打开了。

他们沿着通道往前走,一拐弯,又是一道一模一样的石门,门上同样写了4和5,但这次门闩上的题目却不同,变成了:4比5少( ),5比4多( )。聪聪大笑说:"这个简单,我来!"说着拿出粉笔写了两个"1"。淘气刚想阻止,可已经来不及了,只听头上嘎嘎作响,一块巨石缓缓下沉,压向他们。

"不好！"淘气大叫一声，飞快擦去那两个"1"，写上4比5少$\frac{1}{5}$，5比4多$\frac{1}{4}$。只听咯吱一声，门闩和石门自动打开了，淘气和聪聪赶紧通过。身后"嘭"的一声，巨石重重地砸在地上，封住了刚才的石门。

"好险！"淘气惊魂未定。

"怎么回事呀？"聪聪一脸疑惑。

淘气拍了拍胸口，说："怎么可能那么简单啊，刚才那道题也是求分率的问题，典型的求一个数比另一个数多（少）几分之几的问题。这类问题，看谁和谁比，'比'字后面的那个量就是单位'1'，例如4比5少（ ），这里的单位'1'就是5，用5与4的差除以单位'1'的量，列式为（5−4）÷5=$\frac{1}{5}$；同样5比4多（ ），这里的单位'1'就是4，用5与4的差除以单位'1'的量，列式为（5−4）÷4=$\frac{1}{4}$。像这类题目关键要找准单位'1'。走，咱们继续向前。"

说着二人继续前行。小朋友们，欲知后事，请看下回。

 试一试

1. 1.8升的色拉油比2.5升的色拉油少几分之几，2.5升的色拉油比1.8升的色拉油多几分之几？

答案： $\frac{7}{25}$，$\frac{7}{18}$。

2. 张大伯家今年收了5000千克稻谷，比去年多收1000千克，今年比去年多收几分之几？

答案： $\frac{1}{4}$。

梦游神秘岛之二

上一回说到淘气和聪聪有惊无险地过了两道石门,他们边走边瞧,不知不觉地来到了第三道石门前。这道石门与前两道石门不同,左边门上有个数6,有上下两个门闩,右边门上在上下两个门闩旁边各有一个圆圈,上面门闩上写着"圆圈里的数是左边门上的数的$\frac{2}{3}$",下面门闩上写着"左边门上的数是圆圈里的数的$\frac{2}{3}$"。

"这得仔细思考了,可别乱填了!"淘气提醒道。

聪聪也心惊胆战地说:"那让我先好好想想。咱们分一下工,我来完成上面这道题,你完成下面这道题。"

"好吧!"

"我想到了。"聪聪高兴地说,"我这道题左边门上的数是6,圆圈里的数是左边门上的数的$\frac{2}{3}$,就是把左边门上的数6看作单位'1',圆圈里的数是它的$\frac{2}{3}$,就是6的$\frac{2}{3}$等于4,列式为$6 \times \frac{2}{3} = 4$,对不对呀?"

"很有天分噢!"淘气像老师一样评价起来,"我这道题和你的不同,我这道题知道左边门上的数是6,左边门上的数是圆圈里的数的$\frac{2}{3}$。这道题中单位'1'是圆圈里的数,是个未知量,我预习本学期整册书时对这样的题有所了解,我是用方程来解决这道题的。假设圆圈里的数是x,那么x的$\frac{2}{3}$就是6,列式为$x \times \frac{2}{3} = 6$。解方程得x=9。还可以用算术方法来解决这道题,简单地说,就是找准左边门上的数6对应的分率$\frac{2}{3}$,用数量除以它对应的分率,就得到单位'1'的量,即$6 \div \frac{2}{3} = 9$。"

"我有点儿明白了。"聪聪若有所思地说。

淘气继续解释道:"你那道题是'求一个数(单位"1")的几分之几是多少'这一类型的问题,单位'1'已知,可以直接用乘法计算;

我这道题是'已知一个数（单位"1"）的几分之几是多少，求这个数（单位"1"）'这一类型的问题，这里的单位'1'未知，可以假设出来，列出方程即等量关系式再计算；算术方法就是用已知的数量除以它所对应的分率，就得到单位'1'的量。"

说着，他们分别填上 4 和 9，门闩和石门自动打开了。

"你们真聪明，谢谢你们！"这时一只小精灵出现在他们面前。

"你是谁啊？"聪聪问道。

"哦，忘了自我介绍，我是分数王国的智慧精灵，前几天被这只怪物抓住了。它抢走了我一半的智慧，还想尽办法做坏事，凡是回答不出问题的孩子，它就会把他们关起来，留着以后慢慢解决。"小精灵无奈地说。

"那该怎么对付它，解救那些孩子呢？"淘气问。

小精灵说："对了，你们这么聪明，一定有办法消灭它。别看它这么高大，只要你们回答对了它的一个问题，它就会生气，而它一生气就会缩小一点，法力也会变小。只要多答对几个，你们就可以打败它了！"

"哈哈哈……"一阵怪笑，怪物回来了。

欲知后事，请解决完下面的问题，再继续看下回分解。

试一试

1. 一袋米 50 千克，吃了 $\frac{3}{5}$，吃了多少千克？

答案： 30 千克。

2. 明明身高是 160 厘米，是亮亮身高的 $\frac{8}{9}$，亮亮身高是多少厘米？

答案： 180 厘米。

1.3 稍复杂分数（小数）应用题

⏰ **梦游神秘岛之三**

且说上回，淘气和聪聪正在与小精灵商议对策，忽然听到几声怪笑，原来那只怪物又抓了一个小孩回来。淘气和聪聪一看又惊又喜，吃惊的是原来这个孩子他们也认识，是班长胖胖，外号"胖小"；庆幸的是胖小不仅学习好，而且长得人高马大，这可为对付怪物增添了许多力量。

怪物一看，小孩的队伍壮大了，它又惊又气，心想：啊！居然连过三道关口。顿时气得凭空矮了一大截，身体也整个缩小了一大圈。只见这只怪物大嘴一张，朝他们喷出冰块，形成一面冰墙，将他们困在其中。这时，冰墙上出现了三道题目。

魔王高 3.3 米，小妖比魔王矮 $\dfrac{6}{11}$，小妖高多少米？

魔杖重 80 千克，比魔戒重 $\dfrac{9}{7}$，魔戒有多重？

狼牙棒比鬼头刀贵 25 元，鬼头刀的价格是狼牙棒价格的 $\dfrac{7}{12}$，狼牙棒和鬼头刀各多少元？

"给你们五分钟时间，五分钟后只要有一题做不出来，或是说不出解题过程，你们就死定了。"怪物恶狠狠地说。

三个人和小精灵商量了一会儿，决定分工解决，每人一题，由小精灵帮助实力较弱的聪聪。

胖小做第一题，只见他仔细审题，继而在石壁上快速列出数量关系式，继而列出了算式。淘气也不甘示弱，经过一两分钟的沉思后，他迅速画出线段图，并开始了计算。这可急坏了聪聪，她反复读了几遍题，但就是无从下手，急得抓耳挠腮。小精灵说："我的智慧被怪物吸走很多,我一时也做不出,这可怎么办啊?"

这时正在做题的胖小和淘气一看,立即停下手中的题目,过来帮助聪聪。淘气帮聪聪画了线段图,胖小帮她写出了数量关系式,小精灵一看马上兴奋地和聪聪商量起来,他们决定用列方程的方法来解决。

"时间到!"怪物大叫,三人也同时画上了答语的句号,"算你们准时,你们谁先说?"

"我先来。"胖小第一个站出来,"我先找单位'1',再分析数量关系,最后解题。我这道题是已知单位'1'的量,求比单位'1'多或少几分之几的量这一类型的问题。由于单位'1'已知,只要求出对应的多或少的部分,再加或减就可以了。这道题可以先算出小妖比魔王矮多少,即 $3.3 \times \dfrac{6}{11}$,再用魔王的身高减去矮的部分就可以了,列式为:$3.3-3.3 \times \dfrac{6}{11} = 1.5$(米)。

"这类题目也可以先算出要求的部分占单位'1'的分率,再用单位'1'的量去乘所对应的分率,即先算小妖的身高占魔王身高的分率,即 $1-\dfrac{6}{11}$,再用魔王的身高去乘分率,因此这道题还可以这样来列式:$3.3 \times (1-\dfrac{6}{11}) = 1.5$(米)。"

怪物顿时生气起来,整个身体立即又缩小了一部分。

"第二题我来说。"淘气自信地说,"我和班长的解题步骤基本一样,不过为了分析清楚题目,我借助画线段图的方法来理解题意。我这道题与班长那道题刚好相反,是已知比单位'1'多或少几分之几的量是多少,求单位'1'是多少。这是典型的分数除法应用题,可以用方程或除法来解决。

"用方程来解决,只要将单位'1'的量设为 x,列出方程就可以了,这道题魔戒的质量为单位'1',设魔戒重 x 千克,那么可以列方程:$x + \dfrac{9}{7}x = 80$,解得 x=35。

"用算术方法可以先算魔杖的质量对应魔戒的质量的分率,即 $1+\frac{9}{7}$,再用魔杖的质量除以其对应的分率,列式为:$80\div(1+\frac{9}{7})=35$(千克)。"

"气死我了!"怪物一听,居然他们又答得天衣无缝,竟气得七窍生烟,身体骤然缩小到如常人大小。

聪聪能答对第三题吗?大家能逃出神秘岛吗?请你准确完成下面两道题后,再来接着观看大结局。

1. 池塘里有 12 只鸭,鹅的只数比鸭多 $\frac{1}{3}$,池塘里有多少只鹅?

答案: $12\times(1+\frac{1}{3})=12\times\frac{4}{3}=16$(只)。

2. 池塘里有 16 只鹅,鹅的只数比鸭少 $\frac{2}{3}$,池塘里有多少只鸭?

答案: $16\div(1-\frac{2}{3})=16\times 3=48$(只)。

梦游神秘岛之四

上回中胖小和淘气连续答对两道题,把那只怪物的嚣张气焰打消了很多,那只怪物十分生气。

"第三题我来。"聪聪十分自信地说,"这道题是在大家的帮助下完成的。这一过程让我明白,解题要认真分析,找准数量关系,还可以借助线段图帮助理解题意,另外解题还得细心。"

"这道题已知两种数量间的关系,还知道它们的差,这让我想起以前学习整数应用题时学过的'和倍问题''差倍问题',只要设出其中的一个数量,根据数量间的关系,另一个数量也就可以用含有字母的式子表示，这样就可以列出方程解答。

"设单位'1'的量狼牙棒的价格为 x 元，那么根据'鬼头刀的价格是狼牙棒价格的 $\frac{7}{12}$'这句话可知，鬼头刀的价格就是 $\frac{7}{12}$ x，两者一减得 25 元，列方程为：x－$\frac{7}{12}$ x=25，解得 x=60，再算出鬼头刀的价格是 60－25=35（元）。"

怪物听后，气得暴跳如雷，一脚踢破了冰墙。

"还有算术解法呢，想听吗？"淘气故意对着怪物大喊道。

再看怪物，顿时变为足球一般大小。胖小使出吃奶的力气，一脚就将怪物踢飞了。怪物撞在石壁上，只听"嘭"的一声，爆炸后，一阵白烟升上了天空。小精灵顿时恢复了法力。他们又一起找到了被困在迷宫里的其他小朋友。之后，大家一起寻找出口。他们找啊找，终于找到了出口，可石门太重了，无法打开。

"怪物真是太可恶了，把我们困在这么个鬼地方。"大家嚷道。

"快来看，这里还有题目。"原来怪物怕孩子们逃跑，在最后一道石门上设置了更难的题目。

小精灵飞上了半空中的门闩，读起了题："修建迷宫工程，甲队要 40 天完成，乙队要 30 天完成，丙队要 20 天完成。为了工程能尽快完成，决定由甲队先干 10 天，再由乙、丙两队合作，整个工程共要几天完成？"

大家议论纷纷，想了半天，都束手无策。

小精灵得意地说："让我来教教大家，给你们点儿启发，这是分数应用题中的工程问题。"

"那么这里求工作时间，应该用工作总量除以工作效率啊，可题目中没有给出这些条件啊？"淘气接着说。

"嗨！怎么没有？把这项工程，即工作总量看作单位'1'，几天干完，工作效率就是几分之一。"

淘气恍然大悟："那甲干了10天就是做了总工作量的 $\frac{1}{40} \times 10 = \frac{1}{4}$，还剩下总工作量的 $\frac{3}{4}$；乙、丙合作时的工作效率和就是 $\frac{1}{30} + \frac{1}{20} = \frac{1}{12}$，也就是乙、丙合作一天完成整个工程的 $\frac{1}{12}$。再用剩下的工作总量除以乙、丙的工作效率和，就是剩余的工作时间，再加上10天，嘿嘿，我明白啦！"淘气得意地拿出笔写起了算式：

$(1 - \frac{1}{40} \times 10) \div (\frac{1}{30} + \frac{1}{20}) + 10$

$= (1 - \frac{1}{4}) \div \frac{1}{12} + 10$

$= \frac{3}{4} \div \frac{1}{12} + 10$

$= 9 + 10$

$= 19$（天）

刚写完，门闩咯吱响了，石门自动打开了。小朋友们推推搡搡地往外跑……

"别推我，别推我，外面太亮我眼睛还睁不开呢！"

"快起床了，太阳晒屁股了，马上要迟到啦！"原来是妈妈在喊淘气，"啊！原来是一场梦啊！"

1.商店运来苹果和梨共240千克，梨是苹果质量的 $\frac{5}{7}$，运来苹果和梨各多少千克？

答案： 苹果重：$240 \div (1 + \frac{5}{7}) = 140$（千克），梨重 $240 - 140 = 100$（千克）。

2.做一批零件，甲单独做要10小时，乙单独做要12小时。现在甲、乙合作3小时后，剩下的由甲来做，还要做几个小时才能完成任务？

答案： $[1 - (\frac{1}{10} + \frac{1}{12}) \times 3] \div \frac{1}{10} = 4.5$（小时）。

第 2 章　解决典型问题

2.1　狐狸买家电——关于购物中的问题

狐狸听说大熊家里买了一台 42 英寸的"清楚"牌大彩电,心里很不是滋味儿,它想:"嗨!咱也买一台一模一样的,别让其他动物看扁了!"

于是,狐狸一大清早就来到了家电市场。里面顾客可真多啊,每家店铺都生意火爆。狐狸一打听才知道,原来春节快到了,很多商家正在搞促销活动呢。狐狸心想,还真来对了,买同样的货,比大熊要少花不少钱啊!但一转念它又犯了愁,到哪家店买才能最划算呢?

狐狸调查了三家信誉可靠的店铺,一台 42 英寸的"清楚"牌彩电的原价都是 3688 元,但促销方案却截然不同。

星星电器城的促销方案是全场打八五折。

宁宁电器专卖的促销方案是单价每满 1000 元送 188 元现金。

美美电器广场的促销方案是单价满 1000 元以上部分让利 20%。

这可急坏了狐狸,于是它打电话给放假在家的儿子,让它儿子赶快帮忙算算,究竟哪家店铺最便宜,顺便也考查一下儿子数学到底学得如何。

小狐狸马上开始计算了。

星星电器城:$3688 \times 85\% = 3134.8$(元)

宁宁电器专卖:$3688 - 188 \times 3 = 3124$(元)

美美电器广场:$(3688 - 1000) \times (1 - 20\%) + 1000 = 3150.4$(元)。

儿子很快打来了电话:"爸爸,您到宁宁电器专卖买吧,那里便宜一些。"

"好,你小子书还真没白读。你报一下每家店铺的实际价格给我听听。"

小狐狸把价格报给爸爸,狐狸满意地说:"等着晚上回家看大电视吧!"

狐狸心想,现在东西这么便宜,不如多买点儿吧,省得以后再买。于是狐狸又从宁宁电器专卖购买了1880元的冰箱一台,1680元的手机一部。

狐狸回到家,高兴地喊道:"今天东西真是便宜,看我买了多少。"

小狐狸一看标价1880元、1680元,便着急地问:"都是从宁宁电器专卖买的吗?"

"是啊!"狐狸答道。

"您这样太不合算啦!"小狐狸说。

狐狸一头雾水。等小狐狸一一计算比较,狐狸才大叫:"我真笨,我明天就去退货重买!"

小朋友,你知道小狐狸是怎么计算的,狐狸才发现购物策略选错了吗?如果是你来帮狐狸选,你会选择在哪家商店购物呢?那就快算给它看看吧。

答案: 经计算,单价为1880元的冰箱在星星、宁宁、美美电器的实际价格分别为1598元、1692元、1704元,单价为1680元的手机在星星、宁宁、美美电器的实际价格分别为1428元、1492元、1544元,因此狐狸应该选择在星星电器城购买冰箱和手机。

2.2 动物植树——关于百分率的问题

"哇,大树终于发芽啦!噢,春天来喽!"森林里传来了欢笑声,打破了早晨的宁静。

"这是谁在吵闹呀?"小象喜喜睁开蒙眬的眼睛,朝四周看了看。哦,原来是它的好朋友小猴欢欢,正又蹦又跳呢!

看到喜喜,欢欢高兴地说:"喜喜,快点儿,我们去荒山植树!"于是,欢欢和喜喜找来栽树的铁锹,就向荒山进军。

"你们这是干什么去呀?"山羊爷爷迎面走来。

"天气暖和了,我们去植树!"欢欢、喜喜异口同声地说道。

"哦,那好啊!可是……"山羊爷爷看了看它们的工具,说,"你们怎么没带水桶啊?"欢欢、喜喜愣住了,山羊爷爷又接着说:"栽树可别忘了浇水、培土哦!如果不浇水的话,树的成活率只有20%;浇足了水,成活率就能达到90%以上呢!"

喜喜摸了摸自己的长鼻子,自豪地说:"水桶就不用带了,我就用它浇水不就行了!"

"山羊爷爷,什么是成活率呀?"欢欢挠了挠头,好奇地问。

"表示一个数占另一个数的百分之几的数,叫作百分数,也叫百分率、百分比。举个例子,栽了100棵树,如果成活了85棵,那么栽的这些树的成活率就是85%;如果成活了90棵,成活率就是90%;如果100棵全都成活了,成活率就是100%。"

"那百分数怎么计算呢?"喜喜疑惑地问。

山羊爷爷看到欢欢、喜喜这么好学,就耐心地给它们讲解:"百分数通常不写成分数的形式,而是在分子后面加上百分号'%'来表示。比如,计算成活率的时候,就用成活的棵数除以栽的总棵数,再乘以

100%就行了。当然,百分率还有很多,比如发芽率、出粉率、出米率、出油率等,以后在生活中你们都会遇到的。"

欢欢、喜喜谢过山羊爷爷,就带着铁锹去植树了。它们大干了一星期,栽满了一个小山坡,数了数,有250棵呢!

过了两个月,山羊爷爷又遇到了欢欢和喜喜,它们正好从荒山给树浇水回来。山羊爷爷就问它们栽了多少棵树,成活率是多少。

"嗯,我们栽了250棵树,死了20棵,那么……"喜喜低着头开始拿树枝在地上计算,"20除以250,再乘以100%,那么就是8%。我知道了,成活率是8%!"

"不对!"欢欢从思考中回过神来,"我们栽了250棵树,死了20棵,你计算的是死亡率,要算成活率就必须先算成活了多少棵。成活的棵数是:250-20=230(棵)。根据百分率的计算方法,要用230除以250,再乘以100%,那么就是92%。成活率应该是92%才对!"

山羊爷爷微笑着说:"欢欢算的成活率是正确的。喜喜算的不是成活率,而是树的死亡率。不过先算死亡率也可以,只要用1-8%,也可以算出成活率。"山羊爷爷语重心长地说:"处处留心皆学问。生活中有很多百分数,只要你们用心观察,就一定能学好百分数!"

欢欢、喜喜开开心心地回家了。小朋友们,这种计算百分率的方法你们学会了吗?咱们也来小试一下身手吧!

1.六(1)班今天到了37人,1人请事假,2人请病假,算出六(1)班今天的出勤率是多少?

答案: 37÷(37+1+2)×100%=92.5%。

2. 王大叔家用手扶拖拉机运了 800 千克水稻去碾米，碾出米糠 180 千克，你能算出水稻的出米率吗？

答案：（800−180）÷ 800 × 100%＝77.5%。

2.3 姥姥家到底有多远——关于倍数的问题

猪妈妈带着一群小猪住在大山的南边，而小猪的姥姥家住在大山的北边。今天是周末，天气晴朗，温暖的阳光照在大地上暖洋洋的，猪妈妈就带着她的一群小猪崽浩浩荡荡地向姥姥家走去。它们走过一段平路，又翻越一座大山，连滚带爬地走过了一段下坡路，终于到了姥姥家。

刚一进门，还没有喘过气来，猪舅舅就向小猪们提出一个问题。它说："孩子们，你们从家出发一共走了 8 千米的平路，是上坡路的 2 倍，而下坡路又是上坡路的 3 倍。你们能计算出从你们家到姥姥家一共有多远的路吗？"

小猪们开始讨论起来，根据舅舅提供的条件，它们画出了如下的线段图：

平　路：　8 千米

上坡路：　平路的一半

下坡路：　上坡路的 3 倍

聪明的小猪崽们终于通过线段图计算出来了,它们派出了一位代表向舅舅汇报:"从图上我们很容易看出,从我们家到姥姥家一共要经过的路相当于6个上坡路或3个平路。列式为:8÷2×(1+2+3)=24(千米)或8×($1+\frac{1}{2}+1\frac{1}{2}$)=24(千米)。"舅舅不禁向小猪崽们竖起了大拇指,说:"看来你们已经懂得了用倍数来计算,而且还学会了把一半看成$\frac{1}{2}$,真是了不起。今天中午舅舅要好好地奖励你们。"

小朋友,这种方法你学会了吗?聪明的小猴也遇到了一个关于倍数的难题,我们一起去帮帮它吧。

小猴是森林小学有名的聪明大王,今天大象伯伯出了一道数学题来考它,题目是这样的:六一参观科技馆的成人人数比儿童人数的3倍少62人,比儿童人数的2倍多53人,算算六一参观科技馆的成人有多少?

小猴想了想,没有想出来,急得抓耳挠腮的。这时在一旁的长颈鹿大姐提示说:"你拿笔在纸上画出来,之后再看着图想想,也许能想出来呢!"听了长颈鹿大姐的话,小猴找了一根小棍在地上画起了线段图,它是这样画的:

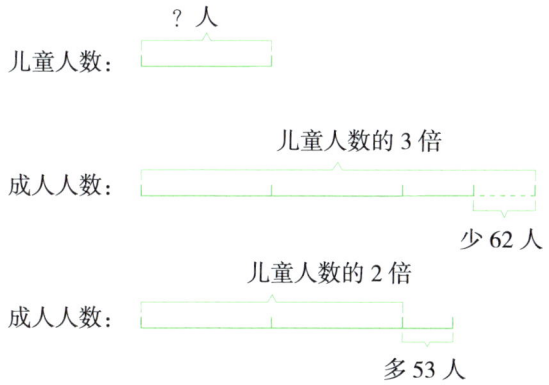

很快小猴就得出了结果,它告诉大象伯伯说:"我算出来了,我是这样想的,从图上可以看出,六一参观科技馆的儿童人数是 62+53=115(人)。于是可以求出六一参观科技馆的成人人数是:115×3-62=283(人),或 115×2+53=283(人)。"

大象伯伯高兴地甩着长鼻子,直夸小猴是个聪明的孩子,它立刻奖励给小猴一筐桃子。

小朋友,这种求倍数的应用题你应该也学会了吧,那我们现在来小试一下身手吧!

 试一试

1. 食堂购进的大白菜比榨菜的 4 倍少 23 千克,又比榨菜的 3 倍多 17 千克。食堂购进了多少千克大白菜?(画图略)

答案: 137 千克。

解题思路:

榨菜:23+17=40(千克),

白菜:40×4-23=137(千克)或 40×3+17=137(千克)。

2. 妈妈买了一套衣服,上衣的价钱比裤子的 3 倍多 15 元,买这套衣服共花了 415 元,上衣和裤子各多少元?

答案: 上衣 315 元,裤子 100 元。

解题思路:

设裤子的价格是 x,则上衣的价格是:3x+15,裤子和上衣总共花了 415 元,就可以列式求出裤子的价格,即 x+(3x+15)=415,x=100(元)。上衣的价格是:100×3+15=315(元)。

2.4 谁能参加比赛——关于统计概率的问题

(一)

森林里要举行一年一度的运动会了，鹿哥哥、鹿弟弟兄弟二人只能有一人参加投球比赛，兄弟二人都想参加，它们商量来商量去，决定用掷色子的办法决定输赢，谁掷得的点数大谁赢，赢的参加比赛。

它们各自拿来色子比了起来，兄弟俩约定以 30 次为一局，并且将掷得的结果进行记录、统计，看谁赢的次数多。它们很快掷完了 30 次，11 比 19，鹿弟弟赢了。

"哦，我赢喽！"鹿弟弟开心地说。

"再来再来，我不服。"鹿哥哥很不服气地说。

鹿弟弟笑着说："再来就再来，谁怕谁呀，再来还是我赢。"

结果，一共七局下来，鹿哥哥一局都没赢。

鹿哥哥很纳闷，为什么总是鹿弟弟赢啊，虽然不服气，但也没办法。正在这时，鹿爸爸回来了，看着鹿哥哥一脸沮丧的样子，就询问发生了什么事。鹿哥哥就把刚才的事告诉了鹿爸爸，还把每次比赛的记录给鹿爸爸看。

鹿爸爸一看记录，立即明白了，它笑着说："你先算算你和弟弟的色子每个数字出现的概率各是多少，就明白了。"

"这还用算？正方体有六个面，每个数字出现的概率都是 $\frac{1}{6}$。"鹿哥哥不假思索地答道。

鹿爸爸耐心地说："那你得算算你弟弟的色子每个数字出现的概率啊。"

不算不知道，一算吓一跳！原来鹿弟弟的色子出现 1 的概率为 0，出现 6 的概率为 $\frac{1}{3}$。鹿哥哥恍然大悟："弟弟要赖，它的色子有问题，这太不公平了。"鹿弟弟也觉得不好意思了。"这要怪你的概率没学好，自己主动上当受骗的呀！"鹿弟弟诡秘地说。鹿哥哥也羞愧地说："可我为什么没看出来呀？"

一个小正方体的六个面上分别写有1、2、2、3、3、3，你知道掷出1、2、3的概率分别是多少吗？动手多玩几次，验证一下吧！

答案：掷出1、2、3的概率分别为$\frac{1}{6}$、$\frac{1}{3}$、$\frac{1}{2}$。

（二）

鹿弟弟拿出色子不好意思地说出了自己的诡计："我是利用了观察长方体、正方体时一次最多能看到其中3个面，而且不会同时看到相对的两个面这一原理设计的色子。我将两个6分别刻到相对的两面，这样你就不会轻易发现了。"

鹿爸爸说："想参加比赛是好事，但不能靠运气，更不能靠耍赖，而是要靠实力啊！你们俩还是勤加练习，统计一下练习结果，看谁的成绩更好，再决定谁参加比赛吧！"

兄弟俩听了连连点头。兄弟二人听从鹿爸爸的话，每天认真地练习投球，并且每天比试一次，每次投20个，将各自的成绩记录下来。一连八天的比试结果统计下来，兄弟俩互不相让，真是难分伯仲，只得再去请鹿爸爸当裁判了。

鹿爸爸拿到兄弟两人8次比试后的统计结果，认真看了起来，它发现兄弟俩没进行总计和平均数的计算，就要求兄弟俩把统计表补充完整。看到补充完整的这张表，鹿哥哥心里暗喜，鹿弟弟有点儿沮丧。

次数	1	2	3	4	5	6	7	8	总计	平均
哥哥	17	16	18	14	16	17	20	16	134	16.75
弟弟	13	15	17	16	17	18	18	19	133	16.625

看到统计表，鹿爸爸皱起了眉头，又说："你们再去把结果绘制成折线统计图。"

兄弟俩很快将一张复式折线统计图绘制出来，交给了鹿爸爸。鹿爸爸又认真看了看统计表和统计图后，语重心长地对兄弟俩说："你们这8次比试都是四胜四负，实力相当，因而觉得无从下手。看了这张完整的统计表，你们可能认为应当让哥哥去参赛。因为无论最低成绩、最高成绩还是总成绩、平均成绩，都是哥哥略占上风。可是再看看这张折线统计图，哥哥的成绩明显不够稳定，而弟弟的成绩一直稳中有升。所以这次比赛，应该让弟弟参加啊。"

鹿哥哥羞愧地说："爸爸这么一说，我完全明白了。弟弟，祝你拿到冠军！我一定好好练习，准备参加明年的比赛。"

第二天的比赛中，鹿弟弟果然不负众望，20次全部投中，轻松夺得了投球比赛的冠军。

 试一试

根据上面故事中统计表中的数据，绘制出复式折线统计图，看看鹿爸爸分析得正确吗？

答案： 折线统计图如下：

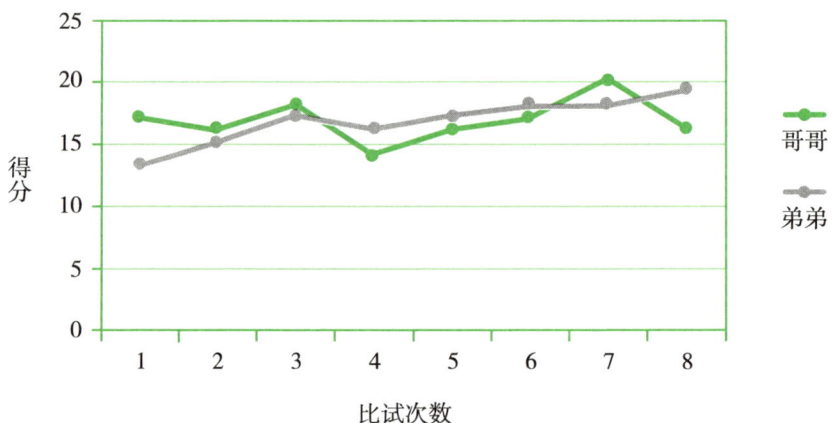

巧看折线统计图

小朋友，你知道吗？折线统计图不仅可以表示数量的多少，还可以表示数量的增减变化情况。水文站的叔叔在测量水文情况时要用到，医院里的护士给病人测量体温时也同样要用到，气象站的阿姨测量天气变化情况时也要用到。总之，折线统计图在我们的生活中使用范围很广泛。复式折线统计图是由两组或两组以上的数量组成的，在这里我想与大家交流学习一下复式折线统计图。

一、了解统计图的发展趋势

如果给你一幅折线统计图，你要能看出它表示的内容是什么，要能知道从图中能了解到哪些信息，通过这些信息你可以对今后的发展情况做一个什么样的判断等。比如下图是第9~14届亚运会中国和韩国获得金牌情况的统计图，中国获金牌数从第10届到第11届是猛增的，而韩国从第10届到第11届是下降的。在后来的连续两届中，中国的金牌数呈缓慢下降趋势，而韩国却在小幅攀升。小朋友，你会分析了吗？

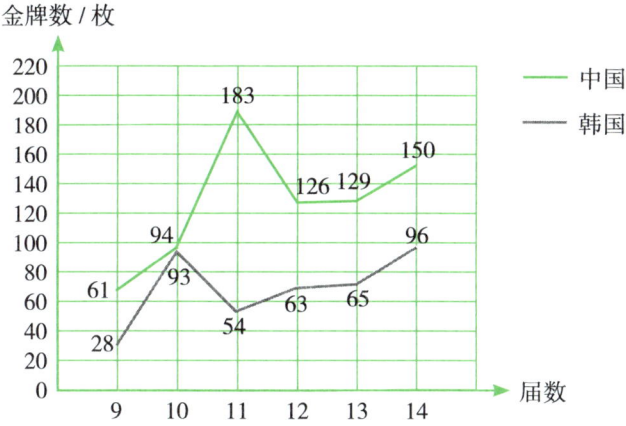

第 9～14 届亚运会中国和韩国获金牌情况统计图

二、学会从图中直接获取信息

从上图中我们可以看出，中国和韩国在第 9～14 届亚运会中，每一届所获得的金牌数分别是多少，更能直接了解到哪个国家这几届所获得的金牌总数多一些。所以小朋友们拿到一幅统计图后，要能从直观上感知到一些内容，并能充分了解到两国之间金牌数的大体情况。

三、学会利用图中的数据进行计算、比较，思考内部所蕴含的问题

通过观察上面这幅统计图，我们可以了解到，中国和韩国在这连续六届中所获得的金牌数分别是多少，并能准确比较出每一届哪个国家所获得的金牌多，哪个国家所获得的金牌少。我们还可以看到，在第 10 届韩国即将追上中国时，我国体育健儿奋力拼搏，刻苦训练，终于在第 11 届又遥遥领先了。

从上图我们可以看出，复式统计图比较的是两种或两种以上的数量的发展趋势以及数量的增减变化情况。通过上图，我们可以计算出中国、韩国连续六届亚运会上所获得的金牌的平均数，并能准确比较

出这两组数量的大小。

小朋友们，以上对折线统计图的观察、思考方法，你们学会了吗？

2.5 统计中的数学

小朋友们，在学习统计这部分知识的时候，我们经常会遇到关于平均数的计算、寻找中位数和众数、可能性的大小等问题。在上一节中，我们知道了鹿爸爸想用平均数去决定让哪个儿子参赛，结果没有决定成功，最终还是通过统计图做出的决定。这一节我们来谈谈，中位数和众数方面的知识对我们解决问题有什么帮助，这类问题在解决时又有什么诀窍。让我们从下面的故事中一起来揭晓吧。

小狗会去应聘吗

小狗要到动物王国的计算机中心去应聘，它想了解一下这家公司小动物们的工资收入一般水平，于是小狗收集了该公司大部分员工在刚过去的这个月的工资收入情况，如下表：

动物王国计算机中心员工收入表

姓名	职位	工资（元）	姓名	职位	工资（元）
老虎	总经理	6000	小驴	业务员	1600
大象	副经理	5000	山羊	业务员	1600
白马	工程师	3000	小熊	业务员	1600
黑马	主管	2000	狐狸	业务员	1600
小猴	业务员	1800	小兔	杂工	1000

从上表来看，用哪个数据代表公司员工这个月工资收入的一般水平比较合适？

我们可以这样思考：先对表中的数据进行分析，通过计算，我们可以得到这组数据的平均数是2520元。中位数是（1800+1600）÷2=1700（元）。在这组数据中，有的数据严重偏大，如6000元；有的数据严重偏小，如1000元。很显然，平均数2520元不能客观地反映这组数据的一般水平，而用中位数1700元代表该公司小动物们这个月工资的一般水平比较合适。

通过这样的分析，小狗立刻就能发现这家公司的所有动物员工的一般工资水平，从而就能做出决定，是否去这家公司参加应聘。小朋友，你如果要去公司参加应聘，知道该用什么方法判断一家公司里的员工整体工资水平了吗？如果这家公司里的员工整体工资水平相差不大，就可以用平均数来反映；如果这家公司的员工整体工资水平相差太大，可以根据实际情况，选用中位数或众数来反映。

巧看条形统计图

今天是星期天，动物学校上三年级的牛牛与上四年级的羊羊一起去图画王国游玩。这里真漂亮啊，各种各样的图画，真是令人目不暇接。

突然，一幅奇特的画出现在牛牛的视野，"咦！这是什么画？"牛牛好奇地问羊羊。羊羊仔细一看："噢！原来是一幅条形统计图，这个我认识，我们这个学期才学过。它还是一幅复式条形统计图。"（图形如下）

接着羊羊又说："你知道它为什么叫条形统计图吗？因为它是用一个个直条来表示数据大小的。"

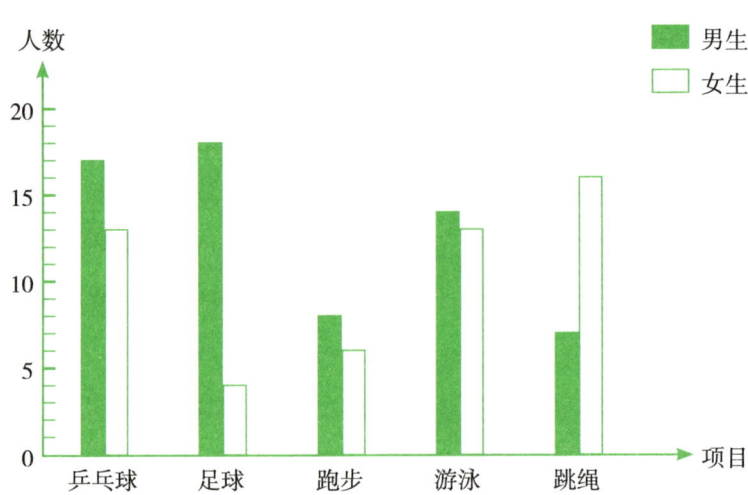

牛牛一脸疑惑地问:"那这幅图的作用是什么呢?"羊羊说:"可别小看这幅图,它的作用可大着呢!从图中我们能清楚地看到数量的多少,可以知道最大量是谁,最小量是谁,等等。"

"那为什么要用两种不同的颜色呢?"牛牛不解地问,它还是有些不明白。

"因为两种颜色分别代表两种不同的数量。"羊羊解释道。

牛牛忽然恍然大悟地说:"我知道了,绿色代表男生,白色代表女生。"

"对,没错。图形右上角的那两个小方格所表示的就是这个意思,数学中称它们是图例。"羊羊不紧不慢地解释道。

羊羊像个小老师一样接着说:"就这么一幅复式条形统计图,它里面包含了很多的信息呢!你看它上面的那个标题向我们说明了这幅图统计的是什么内容,在下面的项目里很容易地就看清楚总共统计了五大项。"

牛牛边听边点头认可。"从图中的绿色的直条中我们可以看出,四年级男生比较偏爱球类运动，喜欢乒乓球的有 17 人，喜欢足球的有 18 人。"羊羊指着图向牛牛说。

牛牛大叫一声："我明白了！你看男生不喜欢的运动项目是跳绳，喜欢跳绳的男生只有 7 人。"

"真聪明，会看复式统计图了。你们还没有学到呢，你就已经提前学会了。"羊羊鼓励着牛牛。牛牛露出一脸得意的表情。羊羊继续追问："你还看懂了什么？还知道了哪些信息？"

"我知道喜欢乒乓球的人数最多，一共有 17+13=30（人），而喜欢跑步的人数最少，只有 8+6=14（人）。"牛牛接着说。

小朋友，这幅统计图还给我们提供了很多其他的信息，你也来看看吧，你还知道了什么？赶快去说给你的爸爸和妈妈听一听，跟他们一起分享你的学习成果吧。

判断可能性大小

在小学阶段我们还学过一些判断可能性大小的知识。比如，判断某一事件发生的可能性是"一定、可能或不可能"。还有的事件，我们可以根据条件用具体数来判断其发生的可能性有多大。下面是几位同学对某事件发生的可能性的大小进行的判断，我们一起去看看他们判断的对不对。

【例1】 小朋友们参加乒乓球比赛，甲、乙两人用"石头、剪刀、布"的方式来选场地，两人任意出拳一次，甲赢的可能性是 $\frac{1}{2}$。

分析：这种说法是错误的，因为任意出拳一次，甲有三种可能"赢、平、输"，同样的道理乙也有三种可能"赢、平、输"，因此甲赢的可能性是 $\frac{1}{3}$，乙赢的可能性也是 $\frac{1}{3}$。并且可以得出，这种游戏规则对于双方都是公平的。

【例2】 口袋里装有2个红球和1个白球（除颜色外都相同），闭眼任意摸一个，摸到红球的可能性是$\frac{1}{2}$。

分析：这种说法也是不正确的。口袋里装有3个球，而红球占了总数3个球中的2个，所以摸到红球的可能性是$\frac{2}{3}$。

小朋友们，这种可能性的题目从低年级到高年级都有，只不过在低年级时只让你们进行简单的判断"可能、一定或不可能"。而在高年级时就需要你们像上题这样判断出某件事发生的可能性的大小。你们一定要切记，无论这种事件发生的可能性是怎么样的，它的大小只能用"0～1"中的任意一个分数来表示，实际上也就是某件事发生的可能性最大不能超过"1"，最小不能小于"0"，它永远只能介于"0"到"1"这两个数之间。

2.6 植树问题真简单

小朋友们，本节我们所讲的内容，不仅是指植树中遇到的问题，还指一些与植树相关的数学问题。这类问题在解决时一般有以下三种方法：①两端都种树，棵数＝间隔数＋1；②只有一端种树，棵数＝间隔数；③两端都不种树，棵数＝间隔数－1。下面请小朋友们通过这些小故事，来实际体会一下每种不同的植树问题的解决方法。

🕐 路灯里的数学

小矮人们虽然救了白雪公主，但是白雪公主一个人在家很寂寞，善良的小矮人们就利用吃过晚饭的时间带着白雪公主去散步。你瞧！七个小矮人又带着白雪公主在马路边散步呢！白雪公主第一次走在森林中的马路上，她十分好奇地问小矮人们："你们知道这条笔直的马路两侧一共有多少盏路灯吗？"

一个小矮人说："我们边走边数，不就知道了吗？"另一个小矮人仔细看看路标说："如果不数，我也能知道。这条马路共长1000米，每两盏路灯之间的距离是20米，所以用1000÷20=50，由于马路的两端和两侧都安装了路灯，所以再用（50+1）×2=102（盏），那么这条马路的两侧一共有102盏路灯。"

这时白雪公主又问道："如果在我们住的小屋门前的那个圆形的池塘边安装路灯，这个池塘的周长是60米，每隔12米有一盏红灯，每相邻2盏红灯之间每隔3米有一盏黄灯，这个池塘边一共有多少盏红灯？多少盏黄灯？"

小矮人们想了想，说："这个问题不难，可以这样思考：每隔12米有1盏红灯，所以共有5盏红灯，也就是把周长平均分成5段，每段中又能安装3盏黄灯，所以一共可以安装15盏黄灯。"白雪公主听后使劲地点着头，她明白了，原来这就是植树问题，一种是在一条直线上植树，另一种是在圆周上植树，所以计算的方法也不一样。小朋友！我想此刻你肯定也学会了吧！

1. 张师傅为建筑工地截取一段钢筋，这段钢筋全长75米，现在要把这段钢筋截成1.5米长的小段，一共可以截成多少段？他截了多少次？

答案： 50段，49次。

2.刘叔叔要在圆形的养鱼塘周围栽上树，鱼塘的周长是200米，每隔8米栽一棵，一共可以栽多少棵？

答案： 25棵。

狗狗学数学

今天猴子老师给狗狗出了两道数学题：

【例1】 鸡大婶看一本故事书，她每天看8页，第7天应该从哪页看起？

狗狗立刻回答道："每天看8页，看了6天应该看了6×8=48（页），所以鸡大婶第7天应该从第49页看起喽！"猴子老师表扬了狗狗很爱动脑筋。

【例2】 春天来了，山羊大哥去植树，它从笔直的马路的一端开始栽，每隔1米栽一棵，它每天栽8棵，第7天从多少米开始栽？

狗狗回答道："这也难不住我，我一眼就能看出来，不就是跟刚才那道题目一样吗？也是6×8=48（米），所以从第49米开始栽。"

"错啦！我们一起来看下面的线段图吧！"猴子老师说。

```
 1米  2米  3米  4米  5米  6米  7米  8米
|----|----|----|----|----|----|----|----| ……
1棵  2棵  3棵  4棵  5棵  6棵  7棵  8棵  9棵
```

"从上图中可以看出，因为植树问题中的棵数和间隔数之间相差1，所以第7天的第1棵树应该是从那6个8米的末端开始栽的，也就是6×8=48（米），因此第7天从第48米开始栽。"经过猴子老师的讲解，狗狗立刻明白了，原来学习数学处处都要动脑筋思考才行呀！

植树节

植树节快到了,学校要组织大家去野外进行植树活动,笑笑、淘气和机灵狗分在了一组。在植树之前,学校有规定:"每 5 米植一棵树。"他们总共分了两段,一段是 100 米的直线形河堤,另一段是 100 米的圆形河堤。笑笑到活动组领了一些树苗,他们准备出发了。来到第一段河堤,三人为了加快速度,分工进行,挖坑的挖坑,提水的提水,大家正准备动手干活,旁边的淘气大声嚷嚷了起来:"这么大一个坑,每 5 米一棵树,一共要挖多少个坑呀?"笑笑说:"这有什么难的呀,算算不就知道了嘛!"通过快速地计算,淘气立刻得出结果——他认为要挖 21 个坑,并画图(如下图)表示自己的判断是正确的。

"如果河堤的两端都栽树,每 5 米栽一棵树,那么 3 个 5 米就要栽 4 棵树,以此类推,100 米里有 20 个 5 米,所以要栽 21 棵树。"听完了淘气的发言,机灵狗很赞成。笑笑听了淘气的话却不怎么同意,她把自己的看法也说了出来:"如果两端不栽树,那么答案就不同了,不信的话,我也可以画图(如下图)给你们看看呀!"

"如果两端不栽树的话,3 个 5 米就栽 2 棵树,那么 100 米里有 20 个 5 米,所以要栽 19 棵树。"

机灵狗听了他们的发言,觉得都言之有理,点了点头微笑着说:

"你们俩说得都对,要想确定挖多少个坑,就要确定两端要不要栽树。"第一个问题就在大家的质疑中解决了!

他们来到第二段河堤,它是一个圆形的河堤,形状和上面的不太一样,三个人都不知道怎么挖坑才行,于是他们想了一个好办法,画图呀!

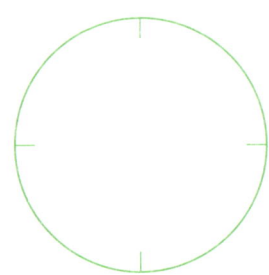

瞧!上图把一个圆形的河堤分成了4段,就要栽4棵树,100米的河堤里有20个5米,所以就要栽20棵树,挖20个坑。刚才的植树活动使大家明白了一个道理:如果是直线形河堤,两端要栽树的话,那么栽树的棵数就是间隔数+1;如果两端不栽树的话,那么栽树的棵数就是间隔数-1;如果是圆形河堤,栽树的棵数就和间隔数相等。

小朋友们,你们理解其中的奥秘了吗?试试吧!

要在一个长120米的直线形池塘边上栽树,每5米栽一棵,一共栽多少棵?

答案: 分两种情况进行计算,两端都栽:25棵;两端都不栽:23棵。

2.7 有趣的鸡兔同笼

小朋友,在第一篇中我们曾经提到过鸡兔同笼的问题。这部分知识十分有趣,而且你只要掌握了其中解决问题的方法,它也是一种十分简单的题目。不信,那就让我们从下面的小故事中慢慢体会吧!

宝宝的数学问题

星期天,大宝、二宝还有三宝三个人一起到农村的舅舅家去度假。舅舅家饲养了许多小动物,其中兔子和小鸡最多,三个人看得可高兴啦!

傍晚,舅舅准备把兔子和小鸡都关进笼子里,于是,一个个的铁笼子就展现在眼前。舅舅对于这样的工作太熟练了,不一会儿就把所有的小鸡和兔子都关进了笼子里。三个孩子看到这样的情形,都赞叹舅舅高超的捉鸡本领!舅舅听了孩子们的夸奖,脸上露出得意的微笑。看到一只只可爱的小鸡和兔子,大宝问舅舅:"一个笼子里装了多少只兔子和小鸡呀?"此时的舅舅还是在微笑,他说:"我正想考考你们呢!"

三个孩子都是班里的计算能手,听说舅舅要考考他们,都想一显身手,表现给舅舅看!舅舅的问题是:"一个笼子里小鸡和兔子共20只,共有64条腿,小鸡和兔子各多少只?"

三个孩子都纷纷行动起来了。不一会儿工夫,大宝和二宝都有了自己的答案。首先发言的是大宝,他是这样思考的:用画图的方法可以解决这个问题。我们可以先把笼子里的动物都假设成小鸡,这样的话,20只动物每只都是2条腿(下面每个 代表一条腿),那么20

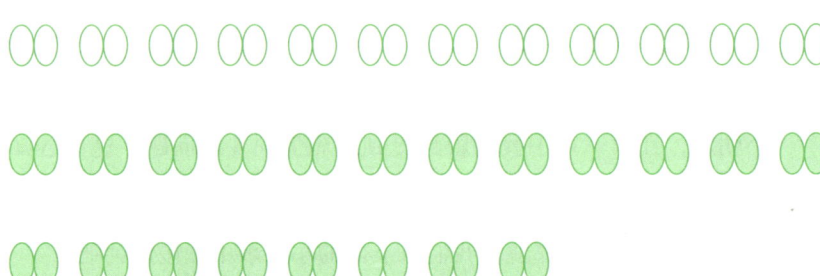

只就有40条腿。40条腿和64条腿不符，少了24条腿，所以把24条腿添在上面（如上图 ⬭⬭ 代表添上的两条腿）。由此可以看出兔子有12只，小鸡有8只。舅舅听了，满意地点了点头。

二宝说他是采用计算的方法来解决的："思路和大宝的一样，但我先把20只动物都当成兔子，每只兔子有4条腿，所以列式为：20×4=80（条），然后再用80减去64，80-64=16（条），这样多出了16条腿，我在思考是什么原因造成的呢？噢！原来是我把两条腿的小鸡看成了兔子，这样每只小鸡多算了2条腿，所以多出了16条腿，我立刻就想到了小鸡正好是：16÷2=8（只）。20-8=12（只）是兔子的只数。"

听了两个孩子的发言，舅舅非常高兴，不由得向他们竖起了大拇指！坐在一旁的三宝想证实一下两个哥哥的答案是否正确，他飞快地走近笼子数了起来，结果正如哥哥们的答案一样，12只兔子，8只小鸡。小朋友们，你们知道怎样解决鸡兔同笼的问题了吗？

在解决这类问题时，我们可以先把鸡和兔都当成鸡来解决，或是都当成兔来解决，然后再找出相差腿的原因，这样就能很快得出鸡和兔各有多少只了。不过，这类问题还有一种算法也很简单，那就是把鸡或者兔设成z只，这样另一种动物的只数就是总数$-z$，然后根据题目中给出的等量关系列出方程，再进行计算。

1. 一个笼子里鸡和兔共 46 只，腿共有 120 条，鸡有多少只，兔有多少只？

答案： 鸡有 32 只，兔有 14 只。

其中一种解题思路：

设鸡有 x 只，则兔有 46-x 只，可以列出方程式：2x+4×(46-x)=120，算出 x=32，兔的只数是：46-32=14（只）。

2. 一个仓库里存放的自行车和三轮车共 40 辆，共有轮子 100 个，自行车和三轮车各有多少辆？

答案： 自行车和三轮车各 20 辆。

其中一种解题思路：

设自行车有 x 辆，则三轮车有 40-x 辆，可以列出方程式：2x+3×(40-x)=100，算出 x=20，三轮车有：40-20=20（辆）。

第 3 章　空间与图形中的问题

3.1　有趣的拼图

淘气的梦

昨天晚上，淘气做了一个梦。他梦见自己、笑笑和智慧老人一起走进了图形王国，一个一个图形向他们迎面跑来，并不时地向他们挥手。淘气为了表示自己也是一个有礼貌的孩子，也想张开嘴巴和它们打招呼，可是话到嘴边又咽了下去，因为他并不知道这一个个美丽的图形都叫什么名字。瞧，这不又来了一个，它长得长长方方的，由四条边围成，相对的两条边一样长，并且有两条比另两条要长一些（如下图）。

淘气瞪圆眼睛傻乎乎地看着这个图形，不知怎么说才好。这时候，智慧老爷爷笑眯眯地说："它的名字叫长方形，在生活中的用处可大了。"淘气听说它的名字以后就急忙上去打招呼！就在这时，不远处又来了一个和长方形长得差不多的图形（如上图）。

淘气毫不犹豫地说了声："长方形好！"结果对方根本就没有理睬他。他挠挠头心想：难道自己又认错了吗？笑笑说："淘气，你认错啦！这个图形虽然长得方方正正的，有四条边，但是它的四条边都是一样长的，你观察到了吗？它的名字叫正方形。"这时候的淘气睁大了圆圆的眼睛，仔细地观察了起来。哇！果真是这样的。它长得方方正正的，有四条边，而且它的四条边都是一样长的。

看到这里，淘气不好意思地再一次说了声："正方形好！"刚说到这儿，不远处又传来争吵的声音，走近一看，原来是两个图形吵了起来，一个是由三条边所围成的笑脸，另一个呢，是一幅圆圆的笑脸（如下图）。小朋友们快瞧！

从智慧老人那里得知：由三条边所围成的这张笑脸叫三角形，圆圆的那张笑脸是圆。智慧老人走到两个图形的旁边，问清楚了它们争吵的原因。原来它们都说自己特别美丽，长着一张漂亮的脸蛋，而且都认为自己特别有才，为此而争执了起来！

听了这些话，智慧老人语重心长地说："你们每个图形都十分有用，在人们的生活中，你们对人们的贡献都很大，少了谁都不行！正方形、长方形、三角形、圆……都是人类的朋友，你们团结在一起，力量可大了，很多精美别致的图案都是你们一起拼成的，谁也少不了！"听了这些话，它们觉得很惭愧，决定再也不争吵了！

这时候，丁零零——一阵急促的闹钟声使淘气从睡梦中惊醒了，他决定再去认识这些图形朋友们。亲爱的小朋友们，你们愿意和淘气一起去认识吗？

1. 下面各图都是什么图形？

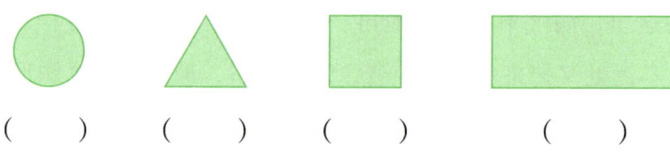

( )　　( )　　( )　　　( )

答案： 圆，三角形，正方形，长方形。

2. 说说下面各图都是由哪些图形拼成的。

答案： 三角形、长方形，圆、长方形，三角形、正方形、长方形。

3.2　巧观察

小朋友们从进入小学以后，就学会了如何观察物体，其实观察物体对我们的学习有着十分重要的作用，不仅可以开发我们的智力，而且可以培养我们的观察力和想象力。下面让我们一起来看看这个故事，看看大家可以从中得到什么启示。

狐狸和乌鸦

在茂密的树林里生长着一棵杨桃树，树上住着一只乌鸦，在树下呢，住着一只狐狸，它们每天见面都会很友善地打招呼。一天过去了，两天过去了……杨桃树结出了可爱的小杨桃，并且越长越大。

一天早上，早起的狐狸惊叫起来："哇！杨桃树上怎么结了那么多的五角星呀？"睡梦中的乌鸦被兴奋的狐狸吵醒，很生气地说："大清早的，你吵什么吵？"狐狸说："乌鸦，你赶快起来看一看吧，树上结了很多五角星。"乌鸦伸了一下懒腰，不耐烦地说："怎么可能，我怎么没发现？我只看到一个个大大的杨桃躺在树上呢！哪有什么五角星？"狐狸急了："怎么不是？我明明就看到一个个五角星挂在树上呢。"乌鸦还是不相信。就为这事，它们你一言我一语地争执了起来！由于争吵的声音太大，把旁边熟睡中的猴子也吵醒了。

猴子跑过来想看个究竟，狐狸把事情的经过和猴子说了一下，猴子也觉得很奇怪，于是就抬头向上望了望，不由得大叫起来："是啊，怎么树上结起了五角星啦？"乌鸦听猴子这么一叫很是生气，它说："可恶的猴子，你怎么就相信它而不相信我呢！"听了乌鸦的抱怨，猴子也只能再到树上去探个究竟！刚到树上它就发现，乌鸦的观点也是对的。猴子把自己在树上看到的情形和狐狸说了一遍，三只小动物你看看我，我看看你，不知该如何解释！

正在它们为此事犯愁的时候，一只长颈鹿从旁边经过，三只动物赶紧跑过去找它要答案。长颈鹿听了事情的经过以后，大笑了起来，说:"你们说得都对,你们看到的杨桃的形状不同,那是你们所站的位置不一样的原因。同一个物体,我们观察的方位不同,所观察到的形状也是不同的。不信,你们再换换位置观察一下就知道了,生活中有很多物体都是这样的!"

听了长颈鹿的话,它们从不同的角度再次去观察杨桃,看到的形状果然不一样。这时候,狐狸和乌鸦看了看对方,不禁笑了起来。

亲爱的小朋友们,听了这个故事以后,你们从中学到了什么知识?

答案: 同一个物体,我们观察的方位不同,所观察到的形状也不同。

小乌龟学会米和厘米有多长

小乌龟和长颈鹿一起去散步,它们来到了一面围墙的旁边,长颈鹿把脖子一伸惊叫起来:"哇!里边有好多漂亮的花儿,还有你喜欢的清清河水。"乌龟就说:"在哪儿呢?我怎么看不见呀?"长颈鹿就说:"你太矮了,所以看不见呀。"

说到矮,小乌龟很苦恼,因为它确实很矮。就在小乌龟非常懊恼的时候,不知不觉它们又走到了一个游乐园的门口。它们刚想进去,就被小狗保安给拦下了,它说:"小乌龟可以进去,而长颈鹿不可以,长颈鹿太高了。"

小乌龟虽说很高兴,但是弄不清楚是怎么回事。小狗保安就指了指门口的警示牌——1米以上不得入内。小乌龟心想:原来是身高的问题呀!我的身高是7厘米,那么1米到底是多高呢?这时候的长颈鹿也不知道1米对它意味着什么,它和小乌龟问了同样的问题:"我们知道1厘米是多长,但是1米到底是多长呢?"它们俩都想找到问题的答案，所以就恳求小狗保安当一回它们的老师。

听说要当老师，小狗保安可高兴啦！它说："要想搞明白这个问题也不难，你们得和我一起做个实验。"这时候的长颈鹿和小乌龟一脸的惊奇，难道做一个实验就可以搞清楚1米是多长了吗？"我们很愿意！"

小狗保安带它们做的第一个实验是：和米尺比一比。只见小狗保安拿来了一把尺子，它说是1米长，然后让小乌龟和长颈鹿都和这个1米的尺子比比高。通过比的过程，小乌龟发现自己比尺子矮了许多，长颈鹿呢，它发现自己比尺子高出许多，最终得出结论：小乌龟比1米矮，长颈鹿比1米高。

接下来，小狗保安带它们做第二个实验：用1厘米的小棒去接一接，一直接到一米长。小狗保安找来了许多1厘米长的小棒，接呀接，对着米尺接，终于接到1米长了，它们一起数了数，一共用了100根1厘米长的小棒，于是又得出另一个结果：1米=100厘米。小狗保安这时候非常自豪地说："现在你们知道1米是多长了吧！"两人异口同声地说："1米=100厘米。"

小狗保安刚想休息一会儿，爱问问题的小乌龟又说话了："米用哪个字母来表示呢？"小狗保安休息了一会儿，说："我得想想，厘米用cm来表示，米用m来表示。"听了小狗保安的回答，小乌龟高兴地笑了，因为它又掌握了一个新知识。

去了一趟游乐园，小乌龟和长颈鹿的收获可真不小，它们懂得了1米有多长，同时也了解到1米=100厘米。聪明的小朋友们，你们学到了什么呢？

1. 填上合适的单位（m 或 cm）。

一块黑板的长是 4（ ）　　　旗杆高是 8（ ）

数学书封面的长是 18（ ）　　茶杯的高是 8（ ）

答案：m，m，cm，cm。

2. 填上 ">" "<" 或 "="。

10cm ○ 6cm　　8m ○ 12m　　100cm ○ 1m　　7m ○ 7cm

答案：>，<，=，>。

3.3　好玩的对称美

快乐的旅行

假期到了，蓝猫决定跟着他的老师——鸡大婶一起去旅行，想了半天，还是到祖国的首都北京去看一看吧！说走就走，第二天一早，它们就准备好自己的行李，出发了。

这一次它们坐飞机前往，刚到飞机场，就看到一架架飞机停在那里，特别壮观！蓝猫高兴极了，就想借此机会在飞机场参观一下。它首先跑到飞机前面去观察，左瞧瞧，右瞧瞧，终于有发现了，在机身的两侧各有一个翅膀，大小、形状都是一样的。这时候蓝猫惊奇地叫起来："呀！快来看啊，飞机两边的翅膀一模一样！"鸡大婶告诉它："飞机安置这样的翅膀一是为了保持在空中的平衡，二是从美观这个角度去考虑的，哪儿有飞机就安一只翅膀的，那该多难看呀！像飞机这样的外形，其实我们生活中有很多物体都是这样设计的！"听了鸡大婶的话，蓝猫觉得很有道理。

它刚想走进机舱，突然不远处又飞来了一只花蝴蝶。蓝猫最喜欢蝴蝶了，于是就追随着蝴蝶跑了一段。这时候蓝猫有了一个更大的发现：蝴蝶的翅膀和飞机的翅膀一样，两边长得一模一样，就连头上的触角也长得非常协调。它回忆起鸡大婶刚才说过的话，果然很对，生活中有很多东西都是这样的！这就是生活中的对称美！

时间过得很快，不一会儿工夫，飞机就起飞了，一个多小时就到达了首都机场。北京可真大呀，蓝猫决定第一站就去天安门广场。来到天安门广场，气势雄伟的天安门展现在它们眼前，蓝猫开始仔细地观察这个具有象征意义的建筑，神了，怎么天安门的两边也长得一模一样呢？

鸡大婶微笑着说："其实生活中有很多这样的建筑和图形，只要我们多多观察、细细思考就能找到！如数学中的圆，它的两边长得也是一样的，如果过圆心 O 画一条直线，再把圆沿着这条直线对折，直线两边就能完全重合，如下图所示：

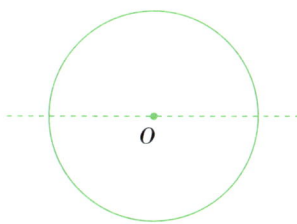

"像这样的图形叫作轴对称图形，对折的那条直线叫作对称轴。"听到鸡大婶的这一番话，蓝猫终于明白了什么叫作对称轴，什么叫作轴对称图形。而且，它发现对称图形的确很美。这一次的旅行收获可真大！

小朋友们跟着蓝猫一起去旅行,你们有收获吗?那就快来完成下面的题目检测一下吧!

画出下列轴对称图形的对称轴。

⏰ 有趣的镜面对称

说到镜子,小朋友肯定会想到恶毒王后的魔镜、变幻莫测的哈哈镜,不过今天我们说的是最普通不过的平面镜。小朋友都喜欢玩镜子吧,把你的手放在镜子前,你会发现镜子里外的手完全重合,其实这也是一种对称现象,是物体和镜中的像相对于镜面的一种对称。面对着镜子,伸出你的左手,拍拍你的右肩,你发现了什么?把你的身体向前靠、向后移,你又发现了什么?和你的同学分前后站在镜子前,你又会发现什么?你能总结出镜子里外物体的特点吗?

我相信聪明的你一定会发现:竖直摆放的镜子,镜子里外的物体上下、前后位置是相同的,而左右位置相反。在生活中,还有许多镜面对称的现象。只不过镜面不像生活中的镜子一样竖直放置,是水平放置的。比如,我们在湖边看到的湖水中的建筑倒影,其中水面相当于水平放置的镜子,美丽的景色和水中的倒影相对于水面对称。有趣的是，水平放置的镜面，镜面上下的物体底部是相连的。我们可以动手验证一下，把镜子平放在桌面上，拿一个物体竖直放在镜子上，观察镜子里外的物体，你发现两个物体的位置关系了吗？

"对称王子"

听说图形王国要举行首届"对称"选美大赛，要通过这次选美比赛，评选出图形王国最具有魅力的"对称王子"。到底谁能获此殊荣呢？所有被允许参加比赛的图形都纷纷赶来。它们不怕辛苦，日夜兼程地向图形王国奔去。

那些没有机会参加选美的图形，都站在路边用羡慕的眼光注视着那些去"赶考"的各种对称图形。只见字母家族中有"A、H、I、M、W……"，大家手牵着手，边走边相互鼓励。文字家族中有"人、口、中、田、大……"，它们也都不甘示弱，紧跟其后。还有昆虫家族中的"蝴蝶、金龟子、蜈蚣"，它们边走边跳着优美的舞。你看图片家族中也来了一群，有中国的故宫图片、天安门图片，法国的埃菲尔铁塔图片，印度的泰姬陵图片等。走在最后的是平面图形家族，它们分别是等腰三角形、等边三角形、扇形、长方形、正方形、圆等。图形家族中无缘参加比赛的队员们纷纷组成啦啦队，为它们的选手喝彩加油，它们期盼着自己的家族成员能获得"对称王子"的称号。

比赛这一天，各路选手都跃跃欲试，纷纷上场展示自己的风采。图形王国的国王也来观看本次比赛，看着选手们精彩的表演，国王喜上眉梢。等到比赛快要结束时，比赛主席汇报说每一位选手的表现都十分优秀，现在"对称王子"的称号到底给谁呢？它们也犹豫不决。忽然，护国将军想出了一个好办法，他凑到国王耳边嘀咕了几句，这时国王开始宣布：凡是参赛选手属于轴对称图形，并且对称轴条数最多者才能获得"对称王子"的称号。

国王把这个评选条件一公布，很多图形都低下了头，因为它们自己心里清楚，它们虽然属于轴对称图形，可对称轴只有屈指可数的几条。称号只有在平面图形家族中产生了，平面图形家族的选手又一一进入决赛，它们都自豪地昂着头，来展示自己，希望能给评委们留下好感。又经过了一番比拼，最终桂冠被平面图形家族中的"圆"夺走。因为无论评委们怎么数圆的对称轴都数不过来，所以最终把它评为"对称王子"。

比赛结束了，在经久不息的掌声中，圆赢得了"对称王子"的桂冠。它兴奋地对大家说："朋友们，请你们记住我吧！我有无数条对称轴！因为我的直径有无数条，每一条直径所在的直线都是我的对称轴。"

3.4 巧算环形面积

羊羊运动会

春天来了，为了提高小羊们的身体素质，村长慢羊羊想举行一次春季运动会。这次运动会的种类繁多，喜羊羊和懒羊羊参加的都是射击这个项目。

比赛开始了，羊村可热闹了，击鼓的击鼓，呐喊的呐喊。有很多小羊对射击感兴趣，都围上来当喜羊羊和懒羊羊的啦啦队！大家叫得可带劲了，有的嘴里还在不停地数着7环、6环……

站在旁边的美羊羊最爱数学了，当别人都在不停地数着环数的时候，美羊羊却发现这个靶子正是让自己头疼的环形！美羊羊的数学可棒了，可就是不会求环形的面积。正在美羊羊发愁的时候，村长看出了它的困惑，询问了究竟。当听说美羊羊是因为算不好环形的面积而发愁的时候，它大笑起来，语重心长地说："孩子，不要灰心，这个我可以帮助你！"听了这样的话，美羊羊急切地问："真的吗？那请您快告诉我怎么算最快。"

运动会结束了，村长找到了美羊羊，并带来了一个环形的平面图。

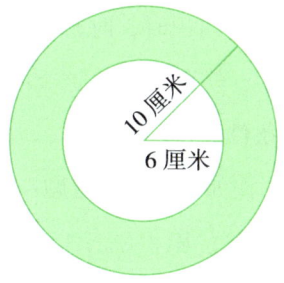

村长指着这个环形耐心地给美羊羊讲解，美羊羊了解到：环形是由内圆和外圆两个圆组成的，并且这两个圆拥有一个共同的圆心，所以叫同心圆。如果用剪刀减去里面的内圆，剩余的部分就叫作环形。

所以环形的面积是这样计算的——外圆的面积 – 内圆的面积 = 环形的面积。用 R 表示外圆的半径，r 表示内圆的半径，所以环形的面积用字母表示为 $S=\pi R^2-\pi r^2$。"当然我们也可以用大圆半径的平方减去小圆半径的平方的差再乘 π，这样算也十分简单。"村长又补充说。

上面这个环形的面积就可以直接用公式计算：

$S_{环形} = 3.14 \times 10^2 - 3.14 \times 6^2$

$= 314 - 113.04$

$= 200.96$（平方厘米）（π 的值取 3.14）

听了村长的讲解，美羊羊终于弄明白了环形面积的求解方法，它高兴极了，立刻飞奔而去，想用自己刚才学习的方法解决以前遗留下的难题！

"整体思考"巧解题

小朋友们在计算环形的面积时，时常还会遇到类似下面这样的题目，让我们感到无从下手。实际上解决这类问题并不难，我们只要把方法掌握好了，把已知条件看作一个整体，放在式子里去计算，就可以使复杂的问题简单化。比如下面的两道题：

【例1】下图中阴影部分的面积是 50 平方厘米，环形的面积是多少平方厘米？

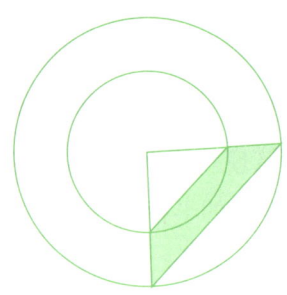

我们可以这样思考：要想求环形的面积，就必须知道外圆和内圆的半径，而外圆和内圆的半径正好是两个等腰直角三角形的两条直角边。我们设外圆的半径为 R 厘米，内圆的半径为 r 厘米，则阴影部分

的面积就可以表示为 $\frac{1}{2} \times R^2 - \frac{1}{2} r^2 = 50$，所以 $R^2 - r^2 = 100$。而外圆的半径 R 厘米和内圆的半径 r 厘米又不可以直接求出，这个时候我们就可以把 $R^2 - r^2 = 100$ 整体代入到环形的面积计算公式 $S = \pi R^2 - \pi r^2 = \pi(R^2 - r^2)$ 中，所以这个环形的面积为：$3.14 \times 100 = 314$（平方厘米）。

小朋友们，你们看这种整体代入的方法多简单，看似很难的题目立刻就变简单了。

【例2】图中正方形的面积是 20 平方米，圆的面积是多少平方米？

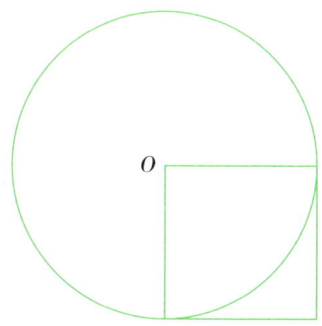

本题我们可以这样思考，正方形的边长和圆的半径相等。而要求圆的面积必须先知道圆的半径，但是正方形的面积是 20 平方米，目前我们不能直接求出其边长，这个时候我们可以把正方形的面积看作一个整体，从而求出圆的面积。设正方形的边长为 r 米，则圆的半径为 r 米，正方形的面积就是 $r^2 = 20$，而圆的面积为 πr^2，所以将 $r^2 = 20$ 整体代入，得到圆的面积是 $3.14 \times 20 = 62.8$（平方米）。

小朋友们，这种整体代入的方法，可以使我们在计算中把解题思路简单化，有助于我们解决复杂的问题。上面这几种计算环形面积的方法你们学会了吗？下面你们也来小试一把吧。

1. 求出下面这个环形的面积。

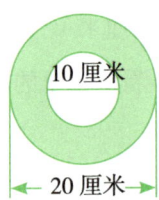

答案： 235.5 厘米²。

解题思路：大半径为 20÷2=10（厘米），小半径为 10÷2=5（厘米），根据公式 πR²−πr²，得出：3.14×10²−3.14×5²=235.5（厘米²）。

2. 仔细观察并求出各图形中阴影部分的面积（大圆的半径为 R，小圆的半径为 r）。

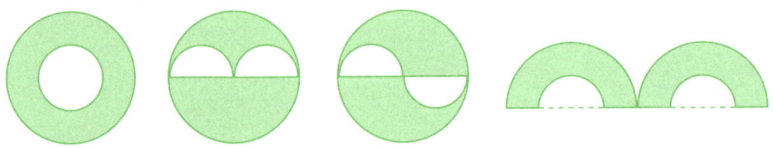

小提示：不管环形怎么变化，只要知道外圆和内圆的半径，就可以根据公式算出阴影部分的面积。

答案： 阴影部分的面积都为 πR²−πr²。

3.5 圆柱和圆锥是一家吗

🕒 小羊做手工

又是一个星期天到来了，羊村的村长带着可爱的小羊们来到了羊村活动室，准备在这里度过快乐的一天。

主持活动的是羊村的首领——村长慢羊羊。它清了清嗓子说："我可爱的小羊们，我们又迎来了一个星期天，今天我们打算进行一次快乐的数学模型制作活动。活动分为两项，第一项是：大家可以根据平时的学习自己去设计，制作好模型；第二项是：大家根据模型的特征进行分类放置，由我来当评委，最后再选出羊村的制作小能手！"

村长的话刚说完，大家就立刻行动起来，喜羊羊和美羊羊也不例外，它们剪纸的剪纸，拿糨糊的拿糨糊，量尺寸的量尺寸，忙的是热火朝天！不一会儿工夫，喜羊羊就做好了一个特别大的圆柱，大家都对它投去了羡慕的目光，并不时地赞叹："喜羊羊的速度可真快呀！"就在小羊们都在称赞喜羊羊的时候，美羊羊也做好了一个特别漂亮的圆锥，美羊羊拿着自己亲手做的圆锥，心里别提有多高兴了！

不一会儿，小羊们都做得差不多了，村长觉得该对模型进行分类存放了，于是就一声令下："请你们把同类的作品放在一起。"话音刚落，所有的小羊都行动起来。喜羊羊把自己精心制作的圆柱放进了一个箩筐里，美羊羊呢，觉得自己的圆锥和喜羊羊的圆柱有点相像，所以也把它的圆锥放进了圆柱所在的箩筐里。

评比开始了，从第一项制作的精美度上去评价，喜羊羊的圆柱和美羊羊的圆锥最为精美！再从第二项的制作分类上去判断，到底把圆柱和圆锥放在一起对不对呢？针对这个问题，所有的小羊都你看看我、我看看你，不知所措！

评委慢羊羊看到大家如此为难，就决定为大家解开这个疑团。慢羊羊不紧不慢地分析起来："首先，咱们从圆柱和圆锥的共同特征开始说起，圆柱和圆锥在字面上都有一个'圆'字，并且都是立体图形；其次在它们身上都有圆形的面。至于它们的区别嘛，有很多！

①圆柱有两个圆形的面,而圆锥却只有一个;

②圆柱的侧面展开图是长方形,而圆锥的侧面展开图是扇形;

③圆柱有无数条高,而圆锥却只有一条高;

④圆柱的侧面积＝底面圆的周长×高;

⑤圆柱的表面积＝上下底面面积的和＋侧面积;

⑥圆柱的体积＝底面积×高;

⑦圆锥的体积＝底面积×高×$\frac{1}{3}$;

⑧圆锥的侧面积＝(圆周率×母线长的平方×圆心角的度数)÷360;

⑨圆锥的表面积＝侧面积＋底面圆的面积。

"所以,从这些方面可以看出圆柱和圆锥的区别多于它们的共同点,我认为不可以把它们放在一起。喜羊羊和美羊羊只能获得一个'制作精美奖'!"所有的羊都为它们感到遗憾!

从以上的活动中,你们对圆柱和圆锥有了一定的了解了吧!那就赶快来试试吧!

试一试

我是小法官:

(1)圆锥的体积是圆柱体积的$\frac{1}{3}$。(　)

(2)有一个圆柱和一个圆锥,它们的底面半径相等,高也相等,如果圆柱的体积是6立方分米,则圆锥的体积是2立方分米。(　)

(3)如果两个圆柱的侧面积相等,那么它们的底面周长也一定相等。(　)

答案:(1)错,(2)对,(3)错。

3.6 图形计算中的玄机

小朋友们，前面我们介绍计算环形面积时说过，不一定要算出两个圆的半径 R、r 分别是多少，只要算出 "R^2-r^2" 等于多少，就可以算出环形的面积。其实在计算图形面积时，也有很多图形同样可以使用这种方法来计算，现在就让我们一起去看看。

【例 1】下图是以三角形的三个顶点为圆心，分别画半径是 1 厘米的三个圆。求阴影部分的面积。

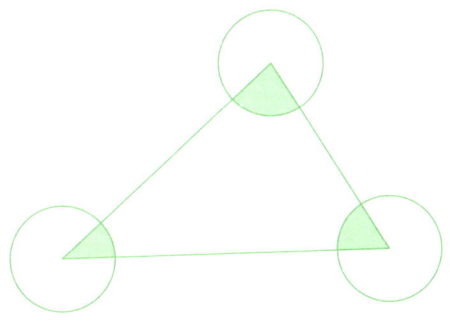

本题我们可以这样思考：如果把这三个阴影部分的面积分开来看是无法算出的，但我们可以想办法，把它们当成一个整体来看，那样就十分简单了。三个阴影的圆心角分别是三角形的三个内角，和是 180°。试想如果我们把各阴影部分拼凑起来，正好能得到一个半圆形，因此阴影部分的面积为 $3.14 \times 1^2 \div 2 = 1.57$（平方厘米）。

【例 2】下图是一个大圆含有三个大小不等的小圆，这些小圆的圆心在大圆的同一条直径上。已知大圆的周长是 10 厘米，求这三个小圆的周长之和。

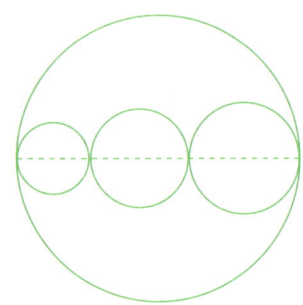

我们可以这样想：要求这三个小圆的周长之和，只要用公式"d×π"分别求出三个小圆的周长即可。但是题目只说"三个大小不等的小圆"，无法知道每个小圆的直径究竟有多大。我们用另一个思路来分析一下：题目要求这三个小圆的周长之和，不是求各个小圆的周长，它就是解决此问题的关键之处。仔细分析图中的数量关系发现：虽然不知道每个小圆的直径，但是它们的直径和正好等于大圆的直径。这样可找到条件与结论之间的关联之处。

由此我们可以思考：设这三个小圆的直径分别是 a 厘米、b 厘米、c 厘米，大圆的直径是 d 厘米，大圆的周长是 C 厘米，从条件中可知，a+b+c=d，C=πd，这三个小圆的周长之和是 aπ+bπ+cπ=（a+b+c）π=dπ=10（厘米），也就是这三个小圆的周长之和等于大圆的周长。

如果我们试想一下，照图中方式画出很多个直径与大圆直径在同一条直线上的小圆，所有小圆的直径之和实际上也就是大圆的直径；所有小圆的周长之和也正好等于大圆的周长。这种算法实质上也就是我们从整体角度来观察题目所得到的。如果你呆板地去寻找每一个小圆的直径，然后计算周长，再把周长之和加起来，那种方法是绝对行不通的。

小朋友们，刚才这两个例子你们看明白了吗？经过我这样的分解、引导、思考，本来是一道十分复杂的题目现在是不是变得很简单了呢？你们学会上面这些方法了吗？赶紧来试一试吧！

 试一试

1.下图是一个四边形，分别以这个四边形的四个顶点为圆心，以2厘米为半径画圆，求图中阴影部分的面积。

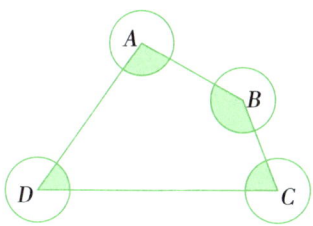

答案： 12.56平方厘米。

解题思路：$\pi r^2 = 3.14 \times 2^2 = 12.56$（平方厘米）。

2.如下图，两个小圆的周长之和与大圆的周长相比，哪个更长一些？请说明理由。

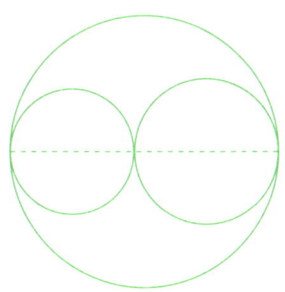

答案： 一样长。理由略。

【例3】有一个正方形，如果它的一条边增加9米，这条边的对边减少5米，这个正方形就变成了一个梯形。这时，梯形的下底长是上底长的3倍，这个梯形的面积是多少平方米？

分析：一个正方形，因为它的两条边的变化，变成了一个梯形，这个梯形的高实际上就是正方形的边长。正方形的边长减去5米则是这个梯形的上底，正方形的边长加9米则是梯形的下底。由此我们可以得出，下底比上底长9+5=14（米）。又知梯形的下底长是上底长的3倍，我们此时就可以利用差倍问题求出上底长和下底长分别是多少。14÷（3-1）=7（米）是上底的长，7×3=21（米）是下底的长。这个梯形的高则是：7+5=12（米）或是21-9=12（米），那么梯形的面积是（7+21）×12÷2=168（平方米）。

我们还可以用列方程的方法去思考：设正方形的边长为 x 米，根据题中的已知条件可以找到上底的长是（x-5）米，下底的长是（x+9）米。再依据上下底之间的关系即可找到等量关系式，列出方程：（x-5）×3=x+9，解得 x=12。

再由此得出上底长12-5=7（米），下底长12+9=21（米），所以这个梯形的面积为（7+21）×12÷2=168（平方米）。

小朋友们，你们看这种看上去很复杂的图形面积的计算问题，经过我们这样一分解，是不是十分简单了呢？这种思维方法你们学会了吧！以后在解决这类问题时，你们一定也要学会灵活运用哟！

　　看完这本书,你是不是觉得没看够,还想看呢?请不要着急,你也可以跟爸爸妈妈常来我们的网站(www.kgedu.com)做客,看看其他老师给你准备了什么好东西哦!